真账真功夫系列

物流会计真账演练

◎邢铭强 编著

中国宇航出版社
·北京·

图书在版编目（CIP）数据

物流会计真账演练／邢铭强编著．--北京：中国宇航出版社，2013．1
（真账真功夫系列）
ISBN 978－7－5159－0324－8

Ⅰ．①物… Ⅱ．①邢… Ⅲ．①物资企业－会计 Ⅳ．①F253．7

中国版本图书馆 CIP 数据核字（2012）第 268248 号

策划编辑 董　琳　　封面设计 文道思
责任编辑 李书梅　　责任校对 李　立

出版发行 中国宇航出版社
社　址 北京市阜成路 8 号　　邮　编 100830
(010)68768548
网　址 www.caphbook.com
经　销 新华书店
发行部 (010)68371900　　(010)88530478(传真)
(010)68768541　　(010)68767294(传真)
零售店 读者服务部　　北京宇航文苑
(010)68371105　　(010)62529336
承　印 三河市君旺印装厂
版　次 2013 年 1 月第 1 版　　2013 年 1 月第 1 次印刷
规　格 787×960　　开　本 1/16
印　张 10　　字　数 169 千字
书　号 ISBN 978－7－5159－0324－8
定　价 36.00 元

前　言

随着我国市场经济的不断发展、各行各业的不断进步，各类企业如雨后春笋般涌现。现如今，我国的工商企业数量已经非常庞大。日益激烈的市场竞争，使得企业管理人员逐步认识到财务管理和账务处理在企业管理中的重要作用，因为这关系到企业的现金流转、成本控制和利润水平，所以各类企业对经验丰富的财务人员的需求也越来越迫切。会计基础工作是会计工作的基本环节，也是经济管理工作的重要基础。随着改革开放的深入和社会主义市场经济的发展，健全的会计基础工作为改善企业经营管理、提高经济效益提供了很大的帮助。因此，加强会计基础工作就显得尤为重要。

为了让更多的会计工作者或将要从事会计工作的人员能够更快、更全面、更准确地掌握会计技能，我们编写了《真账真功夫系列》丛书，希望能够通过本套丛书帮助会计人员解决以下问题：

1. 准确把握企业经济业务的全貌

企业存在哪些常见的经济业务，不同企业的经济业务有哪些不同，对各种经济业务应该进行怎样的会计处理？通常的会计理论图书很少按会计工作流程全面介绍企业典型的经济业务，这对即将步入职场或者希望了解某类企业的会计工作人员来说，无疑是一道难题。

本套丛书通过真实的案例对某企业一个月份的经济业务进行情景展示，全面地介绍了各类企业会计工作的所有内容，内容详尽，过程清晰，让读者能够充分了解企业的经济业务和会计工作的全部内容。

2. 以动态的方式展现会计的工作流程

现存的会计理论图书大都是以会计要素分类，按模块的形式给读者展现会计的业务操作，很少用动态的思维来给读者指导会计工作的流程。在现实工作中，由于分工越来越细，很多会计人员只负责财务工作的一个环节，对财务工作的整个流程不清楚。不能掌握会计工作的全部流程是很多会计工作人员普遍存在的现象。

本套丛书不仅能够让读者了解会计工作的全部内容，并且在编写过程中注重对会计工作流程的把握。由原始凭证的审核到记账凭证的编制、账簿的登记，再到报表的编制，层层递进，环环相扣，让读者能够更清晰、更明了地掌握会计工作的流程。

3. 把握细节，促进对会计实务工作具体要求的理解

一般的会计理论图书罗列了很多会计操作的基本要求，这些要求大都是法律法规规定的，抽象而烦琐，有的读者虽然死记硬背这些要求，但是在遇到实务操作的时候却无从下手，不知道怎么填制凭证，不知道什么样的凭证符合会计标准和要求，在实际工作中会遇到重重困难。

本套丛书不仅展示了会计工作的全部流程，在处理的过程中更加注重细节上的把握。凭证、账簿、报表的每一个项目正确的填写方式如何，有哪些注意事项，需要哪些人员审核签章，本书都给出了详细的展示。读者可以依葫芦画瓢，更深刻、具体地理解每个环节的注意事项，票据、凭证的对应关系以及账表之间的衔接关系。

为了给广大读者提供最好的帮助，我们开通了热线服务 QQ：1906522909，欢迎大家联系，我们一定竭诚为您解答。

最后，对一贯支持我们的广大读者朋友和对本书的出版作出努力的朋友一并表示感谢。

作　者

2013 年 1 月

目录

第一章　企业简介 …… 1

第二章　经济业务 …… 7

第三章　记账凭证的编制及相应原始凭证的整理 …… 13

第四章　日记账和明细账 …… 101

第五章　总账 …… 128

第六章　期末报表 …… 135

第一章

企业简介

第一节　企业概况

一、企业基本情况

企业名称：北京市兴业物流有限公司
纳税人识别号：310440135087366
地址：北京市海淀区学院路 14 号
电话：010 - 83948730
注册资本：玖佰捌拾万元整
公司类型：有限责任公司
经营范围：从事运输、仓储等经营业务
开户银行：中国工商银行北京市分行皂君庙支行
银行账号：09004659081　行号：102100000458

二、企业主要业务流程

（一）货币资金收付业务

公司财会部门根据审核无误的提供劳务收入的缴款单、发票等收付款原始凭证，办理现金收付业务，并将提供劳务所得的现金交存银行；签发票据和结算凭证，办理转账结算业务。

（二）提供服务业务

运输业务由销售部门与客户签订劳务合同，合同一式三份，客户、销售部门和财会部门各留一份。商品出库后，销售部门可依据出货资料制作应收账单，并将账单转入会计部门作为收款凭据。

仓储业务也同运输业务一样，由销售部门与客户签订劳务合同，合同一式三份，客户、销售部门和财会部门各留一份。商品入库后，由收货部门制作入库商品统计表以作为仓储部门请款稽核之用，并由会计部门制作各项财务报表以供营运政策制定及营运管理参考。

三、人员分工

厂长：吴兵

财务科长：王林

会计：张宇

出纳员：李飒

仓库保管员：张熙

第二节　公司财务制度

一、货币资金核算

库存现金管理：实行限额管理，库存现金的使用按照《库存现金管理暂行条例》的规定执行。

银行存款管理：北京市兴业物流有限公司在中国工商银行北京市学院路支行开设了一个生产周转使用的结算账户666999，在中国工商银行北京市学院路支行开设了“其他货币资金——油卡”专户，账号为：618568。

备用金管理：采购人员及其他人员出差，预支差旅费，出差回来一次结清；行政科备用金实行定额备用金制度。

结算方式：库存现金、库存现金支票、转账支票、银行汇票、商业承兑汇票、银行承兑汇票、汇兑等。

二、提供劳务和收款

提供劳务：收到的库存现金以及各种票据当日送存银行。提供劳务时若有现金折扣，在实际发生时确认为当期财务费用。

坏账处理：每年末，按应收账款余额百分比法计提坏账准备(包括应收账款、其他应收款)，提取比例为应收账款、其他应收款账户余额的5‰。

票据管理：对带息商业汇票，统一给出年利率，需贴现的按情况进行换算，对需按日计算利息、贴现利息的，采用算尾不算头的方法计算天数；对跨年度的带息商业汇票，年末应计提票据应计利息，计入票据的账面价值。

三、工资管理

发放工资时由银行代发，企业代扣的个人所得税费用计入“应交税费”，其他代扣款均采用“其他应付款”科目。工资采用先发放后分配的办法。

按工资总额的14%计提福利费，按工资总额的2%计提工会经费，按工资总额的1.5%计提职工教育经费。

四、物料用品

本公司的物料用品主要有包装物、周转容器等。

包装物采用一次摊销法，低值易耗品采用五五摊销法。

年末对物料用品进行清查，发生物料用品缺溢应填制“盘点短缺溢余报告单”，予以转账，以保证账实相符，并按规定计提物料用品跌价准备。

五、固定资产

本公司主要的固定资产包括：仓库、货运汽车、货架、叉车、托盘、码垛机等。

固定资产一律按直线法计提折旧。

自有仓库折旧年限为20年，其他固定资产的折旧年限均为5年，净残值为0。

六、收入与成本

按部门核算收入和成本。由于物流行业的特殊性，收入和成本并非同时确认。在签订合同并且提供完服务时，即可确认收入。在月末，一次性结转、分配成本。

运输部门的成本主要包括汽油费、过路费、司机工资、汽车折旧费、装卸搬运成本等。

仓储部门的成本主要包括仓管人员工资、自有仓库的折旧费或者租入仓库的租赁费、装卸搬运成本等。

七、税金及附加

本公司为一般纳税人，增值税税率为17%。

营业税税率：运输收入按3%缴纳营业税，仓储收入及其他收入按5%缴纳营业税。

城市维护建设税税率为7%，教育费附加率为3%。

印花税：运输合同按照合同金额的0.05%支付，仓储合同按照合同金额的0.1%支付。

所得税税率为25%。

八、其他

利润及利润分配以年度税后利润的10%提取法定盈余公积金。年末可根据盈利情况按比例向投资者分配利润。

第三节　期初财务资料

2011年11月末的账户余额如表1－1所示。

表1－1　2011年11月末的账户余额

科目代码	科目名称	年初借方	年初贷方	累计借方	累计贷方	期初借方	期初贷方
1001	库存现金	1 000.00	0.00	18 235.00	16 235.00	3 000.00	0.00
1002	银行存款	483 724.00	0.00	5 183 238.00	4 733 100.00	933 862.00	0.00
1012	其他货币资金	7 800.00	0.00	67 910.00	65 710.00	10 000.00	0.00
1121	应收票据	46 450.00	0.00	80 550.00	17 000.00	110 000.00	0.00
1122	应收账款	56 821.00	0.00	116 247.00	72 244.00	100 824.00	0.00
1123	预付账款	26 700.00	0.00	23 760.00	14 560.00	35 900.00	0.00
1221	其他应收款	2 300.00	0.00	4 600.00	3 400.00	3 500.00	0.00
1231	坏账准备	0.00	295.61	0.00	226.01	0.00	521.62

（续表）

科目代码	科目名称	年初借方	年初贷方	累计借方	累计贷方	期初借方	期初贷方
1403	物料用品	0.00	0.00	0.00	0.00	0.00	0.00
1404	材料成本差异	0.00	0.00	0.00	0.00	0.00	0.00
1412	包装物及低值易耗品	4 500.00	0.00	21 407.00	17 900.00	8 007.00	0.00
1601	固定资产	4 048 556.00	0.00	173 824.00	0.00	4 222 380.00	0.00
1602	累计折旧	0.00	72 314.58	0.00	19 813.31	0.00	92 127.89
1603	固定资产减值准备	0.00	225.42	0.00	696.69	0.00	922.11
1604	固定资产清理	0.00	0.00	0.00	0.00	0.00	0.00
1801	长期待摊费用	1 000.00	0.00	21 788.00	0.00	31 788.00	0.00
2001	短期借款	0.00	10 000.00	0.00	30 000.00	0.00	40 000.00
2201	应付票据	0.00	15 000.00	405 600.00	440 600.00	0.00	50 000.00
2202	应付账款	0.00	18 930.00	312 088.00	349 738.00	0.00	56 580.00
2203	预收账款	0.00	6 000.00	30 000.00	48 000.00	0.00	24 000.00
2211	应付职工薪酬	0.00	0.00	0.00	0.00	0.00	0.00
2221	应交税费	0.00	638 867.04	2 402 609.00	1 795 072.40	0.00	31 330.44
2231	应付利息	0.00	0.00	0.00	0.00	0.00	0.00
2241	其他应付款	0.00	8 710.00	0.00	12 940.00	0.00	21 650.00
2501	长期借款	0.00	250 000.00	0.00	0.00	0.00	250 000.00
4001	实收资本	0.00	2 977 291.22	0.00	0.00	0.00	2 977 291.22
4002	资本公积	0.00	17 816.43	0.00	0.00	0.00	17 816.43
4003	盈余公积	0.00	50 110.12	0.00	0.00	0.00	50 110.12
4102	未分配利润	0.00	1 180 026.37	0.00	666 884.80	0.00	1 846 911.17
4103	本年利润	0.00	0.00	7 383 192.50	7 383 192.50	0.00	0.00
4104	利润分配	0.00	0.00			0.00	0.00
6001	主营业务收入	0.00	0.00	8 570 269.55	8 570 269.55	0.00	0.00
6051	其他业务收入	0.00	0.00	13 200.00	13 200.00	0.00	0.00
6301	营业外收入	0.00	0.00	10 786.00	10 786.00	0.00	0.00
6401	主营业务成本	0.00	0.00	6 729 552.12	6 729 552.12	0.00	0.00
6402	其他业务成本	0.00	0.00	3 576.00	3 576.00	0.00	0.00

（续表）

科目代码	科目名称	年初借方	年初贷方	累计借方	累计贷方	期初借方	期初贷方
6403	营业税金及附加	0.00	0.00	90 980.00	90 980.00	0.00	0.00
6601	销售费用	0.00	0.00	263 340.00	263 340.00	0.00	0.00
6602	管理费用	0.00	0.00	272 923.00	272 923.00	0.00	0.00
6603	财务费用	0.00	0.00	6 129.57	6 129.57	0.00	0.00
6701	资产减值损失	0.00	0.00	1 061.32	1 061.32	0.00	0.00
6711	营业外支出	0.00	0.00	15 630.29	15 630.29	0.00	0.00
6901	所得税费用	0.00	0.00	0.00	0.00	0.00	0.00
	合计	5 245 586.79	5 245 586.79	32 222 496.35	32 222 496.35	5 459 261.00	5 459 261.00

第二章

经济业务

2011 年 12 月份企业发生的经济业务如下。

1. 12 月 1 日，提取现金 13 000 用于备用金。

2. 12 月 1 日，管理部门王慧预借差旅费 4 000 元。（附借款单）

3. 12 月 1 日，购买员工制服，共计 5 850 元。

4. 12 月 2 日，11 月份与安盛服装贸易有限公司签订运输合同，共计 14 000元。现已完成运输服务，且款项已经收到。

5. 12 月 2 日，购买油卡 30 000 元，过路卡 20 000 元，以银行存款支付。

6. 12 月 2 日，支付行政管理部门的业务招待费 2 000 元，以现金支付。

7. 12 月 5 日，签发转账支票拨付职工幼儿园经费 1 800 元。（收据、转账支票存根）

8. 12 月 5 日，由于业务量的不断扩大，购买货运汽车两辆，共计 400 000元，货款尚未支付。

9. 12 月 5 日，向工商银行贷款 200 000 元，贷款期限为 3 年，利率为 7%。该业务已经办理成功，款项已经到账。

10. 12 月 6 日，将货运汽车出租给佳讯搬运公司，租期为 1 个月，收到转账支票一张，金额为 50 000 元，其中，押金 35 000 元，租金 15 000 元。

11. 12 月 6 日，9 月 6 日与北京电子城签订仓储合同，合同收入为 30 000 元，仓储期限为三个月，收到商业汇票 30 000 元。

12. 12 月 7 日，从北京自创包装设备有限公司购买叉车一台，总价款 10 000元，货款未支付，叉车已经投入使用。

13. 12 月 7 日，11 月份与新华电子集团签订运输合同，运输一批电子设备并附有保费业务，该批电子设备共 60 台，合计金额 60 000 元，保费率是 0.3%。现已完成运输服务，且款项已经收到。

14. 12月8日，在为新华电子集团运输电子设备过程中，由于运输不当导致有一台设备出现了质量问题，由本公司负责赔偿，赔偿金额为3 000元。

15. 12月9日，报废一台码垛机，其成本是10 000元，残值率是0%，已使用4年，收到变卖收入1 000元。

16. 12月9日，从北京自创包装设备有限公司购买一台码垛机，成本是12 000元，款项尚未支付。

17. 12月9日，运输部门向仓库领用包装商品用纸，货款500元，增值税额85元，随产品销售不单独计价，一次全部计入成本。（附装物领用表）

18. 12月12日，支付给北京自创包装设备有限公司的设备款，共计12 000元。

19. 12月12日，以转账支票支付推广费3 000元。（附收据转账支票存根）

20. 12月12日，职工王晓因违章操作罚款100元，由本公司承担。（附收据）

21. 12月12日，与北京信和房地产有限公司签订租赁合同，租入一个仓库，租期为5年，租金按月支付，每月支付8 000元。

22. 12月12日，王慧出差归来，报销差旅费2 500元，交回库存现金1 500元，结清预借款。（附差旅费报销单、收据）

23. 12月13日，上月与河阳股份有限公司签订运输合同，合同金额为50 000元。今日已顺利完成运输服务，但是款项尚未收到。

24. 12月14日，收到河阳股份有限公司的运输合同款，共计50 000元。

25. 12月15日，以转账的形式支付货运汽车款项400 000元。

26. 12月15日，企业购入文件柜4个，每个单价400元，计1 600元，取得普通发票，开出转账支票支付，文件柜已验收入库备用。（附普通发票、转账支票存根）

27. 12月16日，企业与新发食品有限公司签订运输合同，合同金额60 000元，并且当天就将货物运送到指定地点。

28. 12月16日，以库存现金支付业务招待费2 800元。（附普通发票）

29. 12月16日，10月份与天津翔安有限公司签订运输合同，运输合同金额为90 000元，今已完成运输服务，并且款项已收到。

30. 12月16日，10月16日与北京泰安集团签订仓储合同，合同金额为50 000元，期限为2个月，现确认收入。

31. 12 月 19 日，将自有货运汽车租给华立股份有限公司，收到租金20 000元，押金 250 000 元，租期为 10 天。

32. 12 月 19 日，在运输过程中，货运汽车出现故障，发生维修费用2 000元。

33. 12 月 20 日，11 月 20 日与北京丽都服装有限公司签订仓储合同，合同金额为 13 000 元，期限为 1 个月，收到商业票据，现确认收入。

34. 12 月 20 日，12 月 1 日与太原煤矿有限公司签订运输合同，合同金额为 70 000 元。今日已顺利完成运输，但是款项尚未收到。

35. 12 月 21 日，司机刘洋出差，预支差旅费 3 000 元。

36. 企业于 9 月 21 日从银行借入流动资金借款 20 000 元，期限为 3 个月，年利率为 6%，今日到期，如数偿还本息。（附利息清单（付款通知）、流动资金贷款还款凭证）

37. 12 月 22 日，将自有汽车 5 辆租赁给北京瑞特有限公司，租赁费用为50 000 元，租赁期限为 3 天。款项已经收到。押金为 500 000 元。

38. 12 月 23 日，12 月 3 日与山东旺盛食品有限公司签订运输合同，运输一批食品，合同金额为 50 000 元。今日运输服务完成，但是款项未收到。

39. 12 月 23 日，12 月 4 日与北京方丽实业股份有限公司签订运输合同，运输一批木材，合同金额为 50 000 元。今日运输服务已完成，但是款项尚未收到。

40. 12 月 23 日，签发转账支票 800 元购买办公用品一批。（附普通发票、转账支票存根）

41. 12 月 26 日，将昨日购买的商品发给有关部门，其中：销售部门领用300 元，运输部门领用 200 元，行政部门领用 300 元。采用五五摊销法。（附领料单）

42. 12 月 26 日，订阅明年上半年的报纸，共计 730 元。

43. 12 月 26 日，收到太原煤矿有限公司的合同款项 70 000 元，存入银行。

44. 12 月 26 日，返还北京瑞特有限公司的押金 500 000 元。

45. 12 月 27 日，按规定缴纳的车辆养路费为 13 400 元。

46. 12 月 27 日，支出洗车费 6 500 元。

47. 12 月 28 日，由于卡车大修理，支付修理费 7 850 元。

48. 12 月 28 日，支出轮胎零星修补费 3 400 元，其中，运输部门共计

3 000元，公司本部管理用车辆200元，销售部门车辆200元。

49. 12月28日，华立股份有限公司将租赁的货车已归还，返还其押金250 000元。

50. 12月29日，收到北京方丽实业股份有限公司的合同款，共计50 000元，存入银行。

51. 12月29日，刘洋出差归来，报销差旅费2 800元，其中住宿费2 700元，其他项目100元。

52. 12月29日，12月19日与立海工业有限公司签订仓储合同，合同期限为10天，合同金额为20 000元，现款项已收到。

53. 12月31日，结转本月过路费，共计11 000元，其中，运输部门10 000元，管理部门450元，销售部门550元。

54. 12月31日，得到北京方丽实业来电，由于运输过程中，造成运输货物损坏，按照合同约定，需支付赔偿款4 000元，通过银行支付。

55. 12月31日，根据本月份工资结算汇总表编制工资及职工福利费计算分配表，并据以分配工资和计提职工福利费。（附工资及福利费计算分配表）

56. 12月31日，按工资总额的2%计提工会经费，按工资总额的1.5%计提职工教育经费。（附工会经费和职工教育经费计提表）

57. 12月31日，结转分配本月应负担的水费、电费。（附水电单）

58. 12月31日，支付管理部门的房屋维修费1 875元，房屋租赁费2 000元。（附银行转账单）

59. 12月31日，按账龄分析法提坏账准备，如表2-1所示。

表2-1 坏账准备计算表

2011年12月31日

账户名称	应收账款	其他应收款	计提比率	应提取额	坏账准备期初余额	坏账准备实际提取额
1年以内	110 000.00	0.00	0%	0.00		
1~3年	94 864.50	0.00	1%	948.65		
3年以上	5 959.50	3 500.00	5%	472.97		
合计	210 824.00	3 500.00	—	1 421.62	521.62	900.00

60. 12月31日，收到银行付款通知，本月份用水1 200吨，每吨1.5元，支付水费1 800元，本月份用电2 400度，每度0.5元，支付电费1 200元，已

将款项从本单位账户中划出。(附转账支票存根、增值税专用发票)

61. 12 月 31 日，结转燃油费，共计 20 000 元，全由运输部门承担。

62. 12 月 31 日，根据营业额计提营业税。运输收入按照 3% 的税率支付，仓储收入及其他收入按照 5% 的税率支付，如表 2－2 所示。

表 2－2　营业税计算表

2011 年 12 月 31 日

类别	应税金额	营业税率	营业税额
运输收入	444 000.00	3%	13 320.00
仓储收入	113 000.00	5%	5 650.00
其他收入	85 000.00	5%	4 250.00
合计	642 000.00		23 220.00

63. 12 月 31 日，根据合同金额计提印花税。运输合同按照合同金额的 0.05% 计提，仓储及其他按照合同金额的 0.1% 计提，如表 2－3 所示。

表 2－3　印花税计算表

2011 年 12 月 31 日

类别	合同金额	印花税率	印花税额
运输收入	444 000.00	0.05%	222.00
仓储收入	113 000.00	0.1%	113.00
其他收入	85 000.00	0.1%	85.00
合计	642 000.00		420.00

64. 12 月 31 日，按 7% 计提本月应交城市维护建设税，按 3% 计提应交教育费附加，如表 2－4 所示。

表 2－4　城建税及教育费附加计算表

2011 年 12 月 31 日

项目	城建税	教育费附加
营业税额	23 220.00	23 220.00
税率	7%	3%
金额	1 625.40	696.60

65. 12 月 31 日，计提折旧费用，如表 2－5 所示。

表 2 - 5 折旧费用计算表

2011 年 12 月 31 日

类别	期初净额	本期折旧额	期末原值	期末累计折旧	期末净额
仓库	900 000.00	5 000.00	1 200 000.00	305 000.00	895 000.00
房屋建筑物	849 950.01	4 449.99	1 068 000.00	222 499.98	845 500.02
货车	1 890 000.03	31 666.64	2 200 000.00	341 666.61	1 858 333.39
码垛机	28 166.66	533.34	32 000.00	4 366.68	27 633.32
汽车	22 929.67	739.66	44 380.00	22 189.99	22 190.01
装卸工具	76 825.60	1 558.87	93 532.00	18 265.27	75 266.73
合计	3 767 871.97	43 948.50	4 637 912.00	913 988.53	3 723 923.47

66. 12 月 31 日，按 25% 税率计提所得税费用，如表 2 - 6 所示。

表 2 - 6 所得税费用计算表

2011 年 12 月 31 日

项目	应税所得额	税率	所得税金额
金额	324 583.37	25%	81 145.84

67. 12 月 31 日，本月损益类账户发生额全部结转“本年利润”。（附损益类账户发生额汇总表。）

68. 12 月 31 日，将所得税费用从未分配利润中扣除。

69. 12 月 31 日，按照 10% 提取法定盈余公积金。

70. 12 月 31 日，结转未分配利润，将“利润分配”中的未分配利润转入“未分配利润”。

第三章

记账凭证的编制及相应原始凭证的整理

第一节　相关概念论述

一、会计凭证

（一）会计凭证的概念

会计凭证简称凭证，是记录经济业务、明确经济责任的书面证明，是登记账簿的依据。任何单位对所发生的每一项经济业务都必须按照规定的程序和要求，由经办经济业务的有关人员填制或取得会计凭证，在会计凭证上写明经济业务的内容，并在会计凭证上签名盖章，对会计凭证内容的真实性和正确性负责。所有会计凭证都须经有关人员严格审核，只有经过审核无误的会计凭证，才能作为登记账簿的依据。因此，填制和审核会计凭证是会计核算方法之一，是会计工作的开始，是对经济业务进行核算和监督的重要环节。

（二）会计凭证的作用

会计凭证的作用如图 3－1 所示。

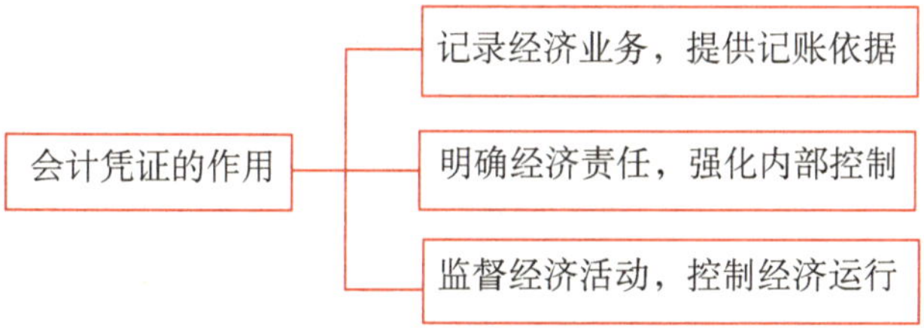

图 3－1　会计凭证的作用

（三）会计凭证的种类

会计凭证可按不同的标准进行分类，按照编制的程序和用途不同，分为原始凭证和记账凭证。

二、原始凭证

（一）原始凭证的概念

原始凭证又称单据，是在经济业务发生或完成时取得或填制的，用以记录或证明经济业务的发生或完成情况的文字凭据。它不仅用来记录经济业务的发生或完成情况，还可以明确经济责任，是进行会计核算工作的原始资料和重要依据，是会计资料中最具有法律效力的一种证明文件。

（二）原始凭证的种类

原始凭证的种类如表 3－1 所示。

表 3－1　原始凭证的种类

原始凭证分类标准	种类	具体内容
取得的来源不同	自制原始凭证	由本单位内部经办业务的部门和人员，在执行或完成某项经济业务时填制的、仅供本单位内部使用的原始凭证
	外来原始凭证	外来原始凭证指在经济业务发生或完成时，从其他单位或个人直接取得的原始凭证，如发票、飞机和火车的票据、银行收付款通知单等
按照填制手续及内容不同	一次凭证	一次填制完成、只记录一笔经济业务的原始凭证。一次凭证的凭证填制手续是一次完成的，是一次有效的凭证
	累计凭证	在一定时期内多次记录发生的同类型经济业务的原始凭证。其特点是，在一张凭证内可以连续登记相同性质的经济业务，随时结出累计数及结余数，并按照费用限额进行费用控制，期末按实际发生额记账。累计凭证是多次有效的原始凭证
	汇总凭证	汇总凭证指对一定时期内反映经济业务内容相同的若干张原始凭证，按照一定标准综合填制的原始凭证。汇总凭证既可提供经营管理所需要的总量指标，又可简化核算手续
按照格式不同	通用凭证	通用凭证指由有关部门统一印制、在一定范围内使用的具有统一格式和使用方法的原始凭证。通用凭证的使用范围可以是某一地区、某一行业，也可以是全国。如全国通用的增值税专用发票、银行转账结算凭证等
	专用凭证	专用凭证指由单位自行印制、仅在本单位内部使用的原始凭证

（三）原始凭证的基本内容

原始凭证的内容如表 3－2 所示。

表 3－2 原始凭证的基本内容

填制依据	填制人员	基本内容
以实际发生或完成的经济业务为依据	经办业务人员	原始凭证名称； 填制原始凭证的日期； 接受原始凭证的单位名称； 经济业务内容（含数量、单价、金额等）； 填制单位签章； 有关人员签章； 凭证附件
以账簿记录为依据	由会计人员加工整理计算填制	
以若干张反映同类经济业务的原始凭证为依据	定期汇总填制汇总原始凭证，填制人员可能是业务经办人，也可能是会计人员	

（四）原始凭证的填制要求

原始凭证的填制要求如表 3－3 所示。

表 3－3 原始凭证的填制要求

填制要求	具体内容
记录要真实	原始凭证所填列的经济业务内容和数字，必须真实可靠，符合实际情况
内容要完整	原始凭证所要求填列的项目必须逐项填列齐全，不得遗漏和省略
手续要完备	单位自制的原始凭证必须有经办单位领导人或者其他指定人员的签名盖章；对外开出的原始凭证必须加盖本单位公章；从外部取得的原始凭证，必须盖有填制单位的公章；从个人取得的原始凭证，必须有填制人员的签名盖章
书写要清楚、规范	原始凭证要按规定填写，文字要简要，字迹要清楚，易于辨认，不得使用未经国务院公布的简化汉字。大小写金额必须相符且填写规范，小写金额用阿拉伯数字逐个书写，不得写连笔字。在金额前要填写人民币符号“￥”，人民币符号“￥”与阿拉伯数字之间不得留有空白。金额数字一律填写到角、分，无角、分的，写“00”或符号“－”；有角无分的，分位写“0”，不得用符号“－”。大写金额用汉字壹、贰、叁、肆、伍、陆、柒、捌、玖、拾、佰、仟、万、亿、元、角、分、零、整等，一律用正楷或行书字书写。大写金额前未印有“人民币”字样的，应加写“人民币”三个字，“人民币”字样和大写金额之间不得留有空白。大写金额到元或角为止的，后面要写“整”或“正”字；有分的，不写“整”或“正”字。如小写金额为￥1 008.00，大写金额应写成“壹仟零捌元整”
编号要连续	如果原始凭证已预先印定编号，在写坏作废时，应加盖“作废”戳记，妥善保管，不得撕毁
不得涂改、刮擦、挖补	原始凭证有错误的，应当由出具单位重开或更正，更正处应当加盖出具单位印章。原始凭证金额有错误的，应当由出具单位重开，不得在原始凭证上更正
填制要及时	各种原始凭证一定要及时填写，并按规定的程序及时送交会计机构、会计人员进行审核

(五)原始凭证的审核内容

为了正确反映经济业务的执行和完成情况，发挥会计工作的监督作用，财会部门对各种原始凭证要进行严格的审查和核对。只有经过审核合格的原始凭证，才能作为编制记账凭证和登记账簿的依据。审核原始凭证是会计核算工作中必不可少的环节，是国家赋予财会人员的监督权限。原始凭证的审核内容主要包括：原始凭证的真实性、合法性、合理性、完整性、正确性和及时性。具体内容如表3－4所示。

表3－4 原始凭证的审核内容

项目	内容
真实性审查	原始凭证是证明经济业务发生的依据，真实的原始凭证是保证会计信息真实性的基础，因此，对原始凭证进行审核时，首先要审核原始凭证的真实性，不真实的原始凭证不能办理会计程序
合法性审查	对原始凭证合法性的审核，是以国家的有关方针、政策、法令、规定等为依据，审查原始凭证所反映的经济业务是否合法，有无违反财经制度的行为，企业应当杜绝不合法的业务，自觉遵纪守法
合理性审查	对原始凭证合理性的审核，是比照企业的计划、预算及企业的生产经营目标进行的，通过对原始凭证的审核，检查各项业务活动是否按计划、预算办事，费用是否按成本开支范围开支，是否是合理的支出，是否具有经济效益
完整性审查	对原始凭证完整性的审查，是对原始凭证的内容和填制手续的完整性进行的审查。首先，应审核原始凭证是否具备作为合法凭证所必须具备的基本内容；其次，审核原始凭证上凭证的填写有无缺陷，有关人员是否已签名盖章等
正确性审查	原始凭证上记录着经济业务的全貌，原始凭证的审核人员应检查有关数量、单价、金额是否正确无误，是否与实际业务一致
及时性审查	经济业务发生后，业务经办人员应及时将原始凭证传递给会计部门进行处理，没有及时处理的经济业务会影响不同会计期间会计信息的正确性，因此，原始凭证审核人员应对原始凭证上记录的经济业务的发生时间进行审核

经审核的原始凭证应根据不同情况处理：

(1)对于完全符合要求的原始凭证，应及时据以编制记账凭证入账；

(2)对于真实、合法、合理但内容不够完整、填写有错误的原始凭证，应退回给有关经办人员，由其负责将有关凭证补充完整、更正错误或重开后，再办理正式的会计手续；

(3)对于不真实、不合法的原始凭证，会计机构和会计人员有权不予接受，并向单位负责人报告。

三、记账凭证

记账凭证又称记账凭单，是会计人员根据审核无误的原始凭证按照经济业务事项的内容加以归类，并据以确定会计分录后所填制的会计凭证，是登记账簿的直接依据。由于在记账凭证中具体指明了应借、应贷的会计科目和金额，为此，记账凭证也叫做分录凭证。记账凭证可以根据每一张原始凭证编制，也可以根据同类原始凭证汇总编制或根据原始凭证汇总表编制。

记账凭证和原始凭证同属于会计凭证，但二者在填制人员、填制依据、填制内容、凭证用途等方面都有较大的差别。

（一）记账凭证的种类

记账凭证的种类如表 3－5 所示。

表 3－5　记账凭证的种类

分类标准	分类	具体解释
按内容分类	收款凭证	用于记录库存现金和银行存款收款业务的会计凭证。它是根据有关库存现金和银行存款收入业务的原始凭证编制的。收款凭证又可以分为库存现金收款凭证和银行存款收款凭证两种
	付款凭证	用于记录库存现金和银行存款付款业务的会计凭证。它是根据有关库存现金和银行存款付出业务的原始凭证填制的。付款凭证又可以分为库存现金付款凭证和银行存款付款凭证两种
	转账凭证	用于记录不涉及库存现金和银行存款业务的会计凭证。它是根据不涉及库存现金和银行存款收付的有关转账业务的原始凭证填制的。转账凭证是登记明细分类账和总分类账等有关账簿的依据
按照填列方式分类	复式凭证	将每一笔经济业务事项所涉及的全部会计科目及其发生额均在同一张记账凭证中反映的一种凭证。复式记账凭证具有可以集中反映一项经济业务的科目对应关系，便于了解有关经济业务的全貌，减少凭证数量，节约纸张等优点，但它不便于汇总计算每一个会计科目的发生额。以上所列举的收款凭证、付款凭证和转账凭证的格式，都是复式记账凭证的格式
	单式凭证	单式凭证是指每一张记账凭证只填列经济业务事项所涉及的一个会计科目及其金额的记账凭证。填列借方科目的称为借项凭证，填列贷方科目的称为贷项凭证。在采用单式记账凭证的情况下，一项经济业务的会计分录涉及到几个对应的会计科目，应分别填制几张记账凭证，借方科目填制借项记账凭证，贷方科目填制贷项记账凭证。借、贷项记账凭证一般分别用不同颜色的纸张，以示区别。采用单式记账凭证，内容单一，便于汇总计算每一会计科目的发生额，便于分工记账，但制证工作量大，且不能在一张凭证上反映经济业务的全貌，内容分散，也不便于查账

（二）记账凭证的基本内容

作为记账凭证，必须具备以下基本内容：

(1)记账凭证的名称；

(2)填制记账凭证的日期；

(3)记账凭证的编号；

(4)经济业务事项的内容摘要；

(5)经济业务事项所涉及的会计科目及其记账方向；

(6)经济业务事项的金额；

(7)记账标记；

(8)所附原始凭证的张数；

(9)会计主管、记账、审核、出纳、制单等有关人员的签章。

（三）记账凭证的编制要求

编制记账凭证是会计核算的一个重要环节，是对原始凭证的整理和归类，并按复式记账的要求，运用会计科目，确定会计分录，作为登记账簿的依据。这不仅便于原始凭证的保管和查阅，也能保证记账工作的质量，简化记账工作。

1. 记账凭证编制的基本要求

(1)记账凭证各项内容必须完整。

(2)记账凭证应连续编号，一笔经济业务需要填制两张以上记账凭证的，可以采用分数编号法编号。

(3)记账凭证的书写应清楚、规范，相关要求同原始凭证。

(4)记账凭证可以根据每一张原始凭证填制，或根据若干张同类原始凭证汇总编制，也可以根据原始凭证汇总表填制；但不得将不同内容和类别的原始凭证汇总填制在一张记账凭证上。

(5)除结账和更正错误的记账凭证可以不附原始凭证外，其他记账凭证必须附有原始凭证。

(6)填制记账凭证时若发生错误，应当重新填制。

(7)记账凭证填制完经济业务事项后，如有空行，应当自金额栏最后一笔金额下的空行处至合计数上的空行处划线注销。

2. 收款凭证的编制要求

(1)左上角的“借方科目”按收款的性质填写“库存现金”或“银行存款”。

(2)日期填写的是编制本凭证的日期。

(3)右上角填写编制收款凭证的顺序号。

(4)“摘要”填写对所记录的经济业务的简要说明。

(5)“贷方科目”填写与收入库存现金或银行存款相对应的会计科目。

(6)“记账”是指该凭证已登记账簿的标记，防止经济业务事项重记或漏记。

(7)“金额”是指该项经济业务事项的发生额。

(8)该凭证右边“附件张”是指本记账凭证所附原始凭证的张数。

(9)最下边分别由有关人员签章，以明确经济责任。

3. 付款凭证的编制要求

付款凭证的编制方法与收款凭证基本相同，只是左上角由“借方科目”换为“贷方科目”，凭证中间的“贷方科目”换为“借方科目”。

需要注意的是，对于库存现金和银行存款之间的相互收付业务，即从银行提取现金或将现金存入银行的经济业务，为了避免重复记账，按规定只填制付款凭证，不填制收款凭证。

收、付款凭证既是登记现金日记账、银行存款日记账以及有关明细账和总账的依据，同时也是出纳人员收、付款项的依据。为了加强对货币资金的内部控制，出纳人员不能直接依据有关收、付款业务的原始凭证办理收、付款业务，而必须根据经会计主管或其指定人员审核无误的收、付款凭证办理收、付款业务。

4. 转账凭证的编制要求

转账凭证将经济业务事项中所涉及的全部会计科目按照先借后贷的顺序记入“会计科目”栏中的“一级科目”和“二级及明细科目”，并按应借、应贷方向分别记入“借方金额”或“贷方金额”栏。其他项目的填列与收、付款凭证相同。

第二节　记账凭证的编制及相应原始凭证的整理

根据2011年12月份发生的经济业务，本书采用金蝶软件演示物流企业如何根据原始凭证登记记账凭证。

经济业务 1

记账凭证

审核 复核

凭证字：付
凭证号：1
附件数：1
序号：1

参考信息：
业务日期：2011年12月1日

日期：2011年12月1日 2011 年 第 12 期

	摘要	科目	借方	贷方
1	提取现金	1001 - 库存现金	1300000	
2	提取现金	1002.01 - 银行存款 - 工商银行		1300000
	合计：壹万叁仟元整		1300000	1300000

结算方式：
结算号：
经办：
往来业务：

审核：王威　过账：张宇　出纳：李飒　制单：李丽丽

原始凭证 1－1/1

中国工商银行
现金支票存根（京）

$\frac{BE}{02}$ 12687026

附加信息

出票日期 2011 年 12 月 01 日

收款人：	兴业物流
金　额：	￥13000.00
用　途：	备用金

单位主管 王林 会计 张宇

北京印钞厂证券分厂·2009年印制

经济业务 2

记账凭证 审核 复核

凭证字：付
凭证号：2
附件数：1
序号：2

参考信息：
业务日期：2011年12月1日　　日期：2011年12月1日　2011 年 第 12 期　已指定流量

	摘要	科目	借方	贷方
1	预借差旅费	1221 － 其他应收款	400000	
2	预借差旅费	1001 － 库存现金		400000
	合计：肆仟元整		400000	400000

结算方式：　　经办：
结算号：　　往来业务：

审核：王威　过账：张宇　出纳：李飒　制单：李丽丽

原始凭证 2－1/1

借　款　单　编号：0010

资金性质：现金　2011 年 12 月 01 日

部　门	管理部门		
项目名称		预算科目	
借款理由	出差		
借款金额	人民币（大写）肆仟元整　¥ 4000		
领导批示	同意	财务主管	王林

部门主管 王林　会计 张宇　出纳 李飒　领款人 王慧

UFIDA 用友表单　7.1借款单－2　S0242－2

编号：0010
姓名：王慧
日期：2010年12月01日
金额：4000
用途：出差

日期 / 报销	月 日	月 日	月 日
核销金额			
交回金额			
尚欠金额			
会计			
出纳			
领款人			

经济业务3

记账凭证 审核 复核

凭证字：付
凭证号：3
附件数：2
序号：3

参考信息：
业务日期：2011年12月1日
日期：2011年12月1日 2011 年 第 12 期 已指定流量

	摘要	科目	借方	贷方
1	购买员工制服	1403 － 物料用品	585000	
2	购买员工制服	1002.01 － 银行存款 － 工商银行		585000
	合计：伍仟捌佰伍拾元整		585000	585000

结算方式：
结算号：
经办：
往来业务：

审核：王威　过账：张宇　出纳：李飒　制单：李丽丽

原始凭证3－1/2

北京增值税专用发票

1100103620　№ 02353192

发票联

开票日期：2011年12月01日

购货单位	名称：北京市兴业物流有限公司 纳税人识别号：310440135087366 地址、电话：北京市海淀区学院路14号 010-83948730 开户行及账号：中国工商银行 09004659081			密码区	8-3<01*6/2>45+*10>0*0 <1+<68<1682>90>973618 31654895*81<507**8-2+ 2><+>1->-562/5826>>-1	加密版本：01 1100103620 02353192	
货物或应税劳务名称	规格型号	单位	数量	单价	金额	税率	税额
女士上衣	87-650	件	50	100	5000.00	17%	850.00
合计					¥ 5000.00		¥ 850.00
价税合计（大写）	伍仟捌佰伍拾圆整				（小写）¥5850.00		
销货单位	名称：成都光明制衣公司 纳税人识别号：310110321987056 地址、电话：四川省成都市南府街8号 开户行及账号：中国银行 07662134012			备注			

收款人：初秋　复核：冷夏　开票人：暖秋　销货单位（章）

国税函［2010］334号北京印钞厂

第二联：发票联 购货方记账凭证

（印章：全国统一发票监制章 北京 国家税务总局监制）
（印章：成都光明制衣公司 310110321987056 发票专用章）

原始凭证 3－2/2

中国工商银行
转账支票存根 (京)

$\frac{BE}{02}$ 48443526

北京印钞厂证券分厂・2009年印制

附加信息

出票日期 2011年 12 月 01 日

收款人:	成都光明制衣公司
金 额:	￥ 5850.00
用 途:	购买商品

单位主管 王林 会计 张宇

经济业务 4

记账凭证 审核 复核

凭证字: 收
凭证号: 1
附件数: 2
序号: 4

参考信息:
业务日期: 2011年12月2日

日期: 2011年12月2日 2011 年 第 12 期 已指定流程

	摘要	科目	借方	贷方
			万千百十亿千百十万千百十元角分	万千百十亿千百十万千百十元角分
1	收到运输收入	1002.01 － 银行存款 － 工商银行	1400000	
2	收到运输收入	6001.01 － 主营业务收入 － 运输部门		1400000
	合计: 壹万肆仟元整		1400000	1400000

结算方式:
结算号:
经办:
往来业务:

审核: 王威 过账: 张宇 出纳: 李飒 制单: 李丽丽

原始凭证 4－1/2

北京市兴业物流有限公司 记账联　　NO：05401

单位名称：安盛服装贸易有限公司　　2011年 12 月 02 日　　托运单编号：145

货物名称	计费重量	费用项目	单价	金额							
				十	万	千	百	十	元	角	分
衣服	700	商品运输费	20.00		1	4	0	0	0	0	0
合　计				¥	1	4	0	0	0	0	0
	（大写）壹万肆仟圆整										

复核：刘涛　　制单：杨梅　　盖章：

兴业物流有限公司
310440135087366
发票专用章

原始凭证 4－2/2

中国工商银行进账单（收账通知）　　3

2011年12月02日

收款人		付款人	
全　称	北京市兴业物流有限公司	全　称	安盛服装贸易有限公司
账　号	09004659081	账　号	9558 8434 4869 2648 948
开户银行	中国工商银行皂君庙支行	开户银行	中国工商银行

金额	亿	千	百	十	万	千	百	十	元	角	分
人民币（大写）壹万肆仟圆整				¥	1	4	0	0	0	0	0

票据种类	转	票据张数	1
票据号码	050421		

复核　　记账

中国工商银行北京市
皂君庙支行
2011.12.02
收款人开户银行盖章
转
讫

经济业务 5

记账凭证 审核 复核

凭证字：付
凭证号：4
附件数：4
参考信息：
业务日期：2011年12月2日　　日期：2011年12月2日　2011 年 第 12 期　　已指定流量　序号：5

	摘要	科目	借方	贷方
1	购买油卡和过路卡	1012.01 - 其他货币资金 - 油卡	3000000	
2	购买油卡和过路卡	1012.02 - 其他货币资金 - 过路卡	2000000	
3	购买油卡和过路卡	1002.01 - 银行存款 - 工商银行		5000000
	合计：伍万元整		5000000	5000000

结算方式：　　　　经办：
结算号：　　　　往来业务：

审核：王威　　过账：张宇　　出纳：李识　　制单：李丽丽

原始凭证 5－1/3

中国工商银行
转账支票存根 （京）

BE 02 48443527

北京印钞厂证券分厂·2009年印制

附加信息

出票日期 2011年 12 月 02 日

收款人：中国交通局
金　额：¥20000.00
用　途：购买过路卡

单位主管 王林 会计 张宇

原始凭证 5－2/3

1100103620　　北京增值税专用发票　　№ 02353192

发票联

开票日期：2010年12月03日

购货单位	名称：兴业物流有限公司 纳税人识别号：310440135087366 地址、电话：北京市海淀区学院路14号　010-83948730 开户行及账号：中国工商银行　09004659081			密码区	8-3<01*6/2>45+*10>0*0 <1+<68<1682>90>973618 31654895*81<507**8-2+ 2><+>1->-562/5826>>-1	加密版本：01 1100103620 02353192	
货物或应税劳务名称	规格型号	单位	数量	单价	金额	税率	税额
加油卡		张	5.00	5,128.00	25,640.00	17%	4,360.00
合计					￥25,640.00		￥4,360.00
价税合计（大写）	叁万元整			（小写）	￥30,000.00		
销货单位	名称：中国石油化工股份有限公司 纳税人识别号：240110321987786 地址、电话：北京市海淀区北三环中路20号 开户行及账号：中国工商银行　07662134012			备注			

收款人：张鸣　　复核：李昊　　开票人：王莉莉　　销货单位（章）

国税函［2010］334号北京印钞厂

第二联：发票联　购货方记账凭证

原始凭证 5－3/3

中国工商银行
转账支票存根（京）

BE 02 48443528

附加信息

出票日期 2011年 12月 02日

收款人：	中国石化
金　额：	￥30000.00
用　途：	购买加油卡

单位主管 王林　会计 张宇

北京印钞厂证券分厂·2009年印制

经济业务 6

记账凭证 审核 复核

凭证字：付
凭证号：5
附件数：1
序号：6

参考信息：
业务日期：2011年12月2日
日期：2011年12月2日 2011 年 第 12 期 已指定流量

	摘要	科目	借方	贷方
1	支付招待费	6602 － 管理费用	200000	
2	支付招待费	1001 － 库存现金		200000
	合计：贰仟元整		200000	200000

结算方式：
结算号：
经办：
往来业务：

审核：王威 过账：张宇 出纳：李珮 制单：李丽丽

原始凭证 6－1/1

北京市服务业、娱乐业、文化体育业专用发票
BEIJING SPECIAL INVOICE FOR SERVICE INDUSTRY ENTERTAINMENT INDUSTRY AND PHYSICAL CULTURE INDUSTRY

发票联
INVOICE

发票代码：000000000000
发票号码：00000000
密码：
信息码：0000000000
05020100-00000011-23456785

税务登记号：103843485729742
收款单位：北京旺财餐饮有限公司
付款单位（个人）：北京市兴业物流有限公司

经营项目 SERVICE ITEM	金额 AMOUNT CHARGED
餐饮费	￥2,000.00

金额合计 TOTAL IN CAPITAL：贰仟元整
机打票号 PRINTING NO.：2343343333
税控码：
税控机器号 RECEIVER NO.：42222222
开票日期 DATE ISSUED：2011年12月02日

收款单位（盖章）PAYEE'S：北京旺财餐饮有限公司 10288301034343 发票专用章

税控装置打印发票手开无效
PRINTED BY RECEIVER HAND WRITING INVALID

兑奖区

经济业务7

记账凭证 审核 复核

凭证字：付
凭证号：6
附件数：2
序号：7

参考信息：
业务日期：2011年12月5日　　日期：2011年12月5日　2011 年 第 12 期　　已指定流量

	摘要	科目	借方	贷方
1	支付员工幼儿园经费	2211.02 - 应付职工薪酬 - 职工福利	180000	
2	支付员工幼儿园经费	1002.01 - 银行存款 - 工商银行		180000
	合计：壹仟捌佰元整		180000	180000

结算方式：　　经办：
结算号：　　往来业务：

审核：王威　　过账：张宇　　出纳：李飒　　制单：李丽丽

原始凭证7－1/2

北京市行政事业性统一收费票据　NO. 1317517

财 11—02—01　　支票号：1121677646834681

交款单位或个人	北京市兴业物流有限公司		购领证号
收费项目名称	收费标准	数量	金额
幼儿园经费	200	9	1800.00
合计			¥1800.00
金额（大写）壹仟捌佰元整			

收款单位（印章）　审核人（签章）　收款人（签章）　2011年 12月 05日

第二联 收据

北京市财政局监制（2010印制）

北京市红袖幼儿园 财务专用章

原始凭证 7－2/2

中国工商银行
转账支票存根（京）

$\frac{BE}{02}$ 48443529

北京印钞厂证券分厂·2009年印制

附加信息

出票日期 2011 年 12 月 05 日

收款人：北京市人民幼儿园

金　额：￥1800.00

用　途：支付儿园经费

单位主管 王林　会计 张宇

经济业务 8

记账凭证　审核　复核

凭证字：转
凭证号：1
附件数：2
序号：8

参考信息：
业务日期：2011年12月5日

日期：2011年12月5日 2011 年 第 12 期

	摘要	科目	借方（万千百十亿千百十万千百十元角分）	贷方（万千百十亿千百十万千百十元角分）
1	购买货运汽车，款项未付	1601 － 固定资产	40000000	
2	购买货运汽车，款项未付	2202.03 － 应付账款 － 北京长安汽车		40000000
	合计：肆拾万元整		40000000	40000000

结算方式：
结算号：
经办：
往来业务：

审核：王威　过账：张宇　出纳：李钒　制单：李丽丽

原始凭证 8－1/2

1100103620　　北京增值税专用发票　　№ 02353192

发票联

开票日期：2011年12月05日

购货单位	名称：兴业物流有限公司 纳税人识别号：310440135087366 地址、电话：北京市海淀区学院路14号　010-83948730 开户行及账号：中国工商银行　09004659081			密码区	8-3<01*6/2>45+*10>0*0 <1+<68<1682>90>973618 31654895*81<507**8-2+ 2><+>1->-562/5826>>-1	加密版本：01 1100103620 02353192	
货物或应税劳务名称	规格型号	单位	数量	单价	金额	税率	税额
货车		辆	2.00	170,940.00	341,880.00	17%	58,120.00
合计					￥341,880.00		￥58,120.00
价税合计（大写）	肆拾万元整				（小写）	￥400,000.00	
销货单位	名称：北京长安汽车有限公司 纳税人识别号：240110321345762 地址、电话：北京市海淀区北三环中路20号 开户行及账号：中国工商银行　07662134012			备注			

收款人：王明思　　复核：周明丽　　开票人：王蓓思　　销货单位（章）

国税函［2010］334号北京印钞厂

第二联：发票联　购货方记账凭证

原始凭证 8－2/2

固定资产验收单

2011年12月05日

名称	单位	数量	价格	预计使用年限	使用部门
货车	辆	2	400000	5年	运输部门
备注					

制单：张熙　　　　审核：李飒

经济业务 9

记账凭证 审核 复核

凭证字：收
凭证号：2
附件数：1
参考信息：
业务日期：2011年12月5日
日期：2011年12月5日 2011 年 第 12 期 已指定流量 序号：9

	摘要	科目	借方（万千百十亿千百十万千百十元角分）	贷方（万千百十亿千百十万千百十元角分）
1	向银行贷款	1002.01 - 银行存款 - 工商银行	20000000	
2	向银行贷款	2501 - 长期借款		20000000
	合计：贰拾万元整		20000000	20000000

结算方式：　　　　经办：
结算号：　　　　往来业务：

审核：王威　　过账：张宇　　出纳：李讽　　制单：李丽丽

原始凭证 9－1/1

中国工商银行 借款借据（入账通知）

2011 年 12 月 5 日

收款人	全称	北京市兴业物流有限公司	借款人	全称	中国工商银行
	账号	09004659081		账号	05321
	开户银行	工行北京分行皂君庙支行		开户银行	工行北京分行皂君庙支行

借款金额	人民币（大写）贰拾万元整	千	百	十	万	千	百	十	元	角	分
			¥	2	0	0	0	0	0	0	0

借款原因及用途	长期资金短缺	借款计划指标	

借款期限			
期次	计划还款日期	✓	计划还款金额
1	2014-12-05		200000.00
2			
3			

备注：利率7%

你单位上列借款已转入你单位结算户内，借款到期时由我行按期自你单位结算账户转还。

（印章：中国工商银行北京分行皂君庙支行 2011.12.05 业务专用章）

此致

此联由银行退借款单位作入账通知

经济业务10

记账凭证 （审核）（复核）

凭证字：收　凭证号：3　附件数：1　序号：10
参考信息：
业务日期：2011年12月6日　日期：2011年12月6日　2011 年 第 12 期　已指定流量

	摘要	科目	借方	贷方
1	将货运汽车租出，收到租赁款和押金	1002.01 - 银行存款 - 工商银行	5000000	
2	将货运汽车租出，收到租赁款和押金	6051 - 其他业务收入		1500000
3	将货运汽车租出，收到租赁款和押金	2241 - 其他应付款		3500000
	合计：伍万元整		5000000	5000000

结算方式：　经办：
结算号：　往来业务：

审核：王威　过账：张宇　出纳：李琬　制单：李丽丽

原始凭证10－1/1

中国工商银行进账单（收账通知）　3

2011年12月06日

收款人	全称	北京市兴业物流有限公司	付款人	全称	佳讯搬运公司
	账号	09004659081		账号	9558 8434 4869 2648 948
	开户银行	中国工商银行皂君庙支行		开户银行	中国工商银行

金额	人民币（大写）伍万元整	亿	千	百	十	万	千	百	十	元	角	分
					¥	5	0	0	0	0	0	0

票据种类	转	票据张数	1
票据号码	050421		
复核　记账			

（印章：中国工商银行北京市皂君庙支行 2011.12.06 转讫）

收款人开户银行盖章

经济业务 11

记账凭证 审核 复核

凭证字：转
凭证号：2
附件数：1
参考信息：
业务日期：2011年12月6日
日期：2011年12月6日 2011 年 第 12 期 已指定流量 序号：11

	摘要	科目	借方	贷方
1	确认仓储收入	1121 - 应收票据	3000000	
2	确认仓储收入	6001.02 - 主营业务收入 - 仓储部门		3000000
	合计：叁万元整		3000000	3000000

结算方式：　　　　　　经办：
结算号：　　　　　　往来业务：

审核：王威　　过账：张宇　　出纳：李飒　　制单：李丽丽

原始凭证 11－1/1

北京市兴业物流有限公司 仓单 ②

日期 2011年 12月 06日　　NO. 00021

存货人：北京电子城　　账号：600021234087

北京市兴业物流有限公司，已收到 北京电子城 公司的货物代为保管，存储期从 2011年 09 月 06 日至 2011年 12 月 06 日，存储仓库为 第四仓库 。

仓储物名称	品种规格	性质	数量	包装	件数	仓储费（元）
电脑			3000			30,000.00
货值合计金额（大写） 叁万元整				￥（小写） 30,000.00		

凭单提货

仓管人（签章）北京市兴业物流有限公司 仓储部

经办：张熙　　复核：王桑

注：仓储物（已/未）办理保险，
保险金额￥________元，
保险期限________
保险人：________

经济业务12

记账凭证

审核 复核

凭证字：转
凭证号：3
附件数：2
序号：12

参考信息：
业务日期：2011年12月7日
日期：2011年12月7日 2011 年 第 12 期

	摘要	科目	借方	贷方
1	购买叉车，款项未付	1601 - 固定资产	1000000	
2	购买叉车，款项未付	2202 - 应付账款		1000000
	合计：壹万元整		1000000	1000000

结算方式：
结算号：
经办：
往来业务：

审核：王威　过账：张宇　出纳：李飒　制单：李丽丽

原始凭证12－1/2

北京增值税专用发票

1100103620　发票联　№ 02353193

开票日期：2011年12月07日

购货单位	名称：北京市兴业物流有限公司 纳税人识别号：310440135087366 地址、电话：北京市海淀区学院路14号 010-83948730 开户行及账号：中国工商银行 09004659081			密码区	8-3<01*6/2>45+*10>0*0 <1+<68<1682>90>973618 31654895*81<507**8-2+ 2><+>1->-562/5826>>-1	加密版本：01 1100103620 02353192	
货物或应税劳务名称	规格型号	单位	数量	单价	金额	税率	税额
叉车		辆	1.00	8,547.00	8,547.00	17%	1,453.00
合计					¥8,547.00		¥1,453.00
价税合计（大写）	壹万元整				（小写） ¥10,000.00		
销货单位	名称：北京自创包装设备有限公司 纳税人识别号：240110321221189 地址、电话：北京市海淀区北三环中路20号 开户行及账号：中国工商银行 07662134012			备注			

收款人：李小萌　复核：徐晓　开票人：徐林林　销货单位（章）

（印章：北京自创包装设备有限公司 240110321221189 发票专用章）

国税函［2010］334号北京印钞厂

第二联：发票联 购货方记账凭证

原始凭证 12－2/2

固定资产验收单

2011年12月07日

名称	单位	数量	价格	预计使用年限	使用部门
叉车	辆	1	10000	5年	仓储部门
备注					

制单：张宇　　　　　　　　审核：李煦

经济业务 13

记账凭证

审核　复核

凭证字：收
凭证号：4
附件数：2
序号：13

参考信息：
业务日期：2011年12月7日
日期：2011年12月7日　2011 年 第 12 期　已指定流量

	摘要	科目	借方	贷方
1	确认运输收入	1002.01 － 银行存款 － 工商银行	6000000	
2	确认运输收入	6001.01 － 主营业务收入 － 运输部门		6000000
	合计：陆万元整		6000000	6000000

结算方式：
结算号：
经办：
往来业务：

审核：王威　过账：张宇　出纳：李飒　制单：李丽丽

原始凭证 13－1/2

北京市兴业物流有限公司记账联　　NO：05401

单位名称：新华电子集团　　2011年 12 月 07 日　　托运单编号：145

货物名称	计费重量	费用项目	单价	金额							
				十	万	千	百	十	元	角	分
电子设备	60台	商品运输费	1000.00		6	0	0	0	0	0	0
合　　计				¥	6	0	0	0	0	0	0
	（大写）陆万元整										

复核：刘涛　　制单：杨梅　　盖章：

兴业物流有限公司
310440135087366
发票专用章

原始凭证 13－2/2

中国工商银行进账单（收账通知）　　3

2011年12月08日

收款人			付款人		
收款人	全　称	北京市兴业物流有限公司	付款人	全　称	新华电子集团
	账　号	09004659081		账　号	9558 8434 4869 2648 948
	开户银行	中国工商银行皂君庙支行		开户银行	中国工商银行

金额	人民币（大写）	亿	千	百	十	万	千	百	十	元	角	分
	陆万元整				¥	6	0	0	0	0	0	0

票据种类	转	票据张数	1
票据号码	050421		
复核　记账			

中国工商银行北京市
皂君庙支行
2011.12.08
转讫

收款人开户银行盖章

经济业务 14

记账凭证　审核　复核

凭证字：付
凭证号：7
附件数：0
参考信息：
业务日期：2011年12月8日
日期：2011年12月8日　2011 年 第 12 期　已指定流量　序号：14

	摘要	科目	借方	贷方
1	运输过程发生赔偿	6401.01 - 主营业务成本 - 运输部门	300000	
2	运输过程发生赔偿	1002.01 - 银行存款 - 工商银行		300000
	合计：叁仟元整		300000	300000

结算方式：
结算号：
经办：
往来业务：

审核：王威　过账：张宇　出纳：李钒　制单：李丽丽

原始凭证 14－1/1

中国工商银行
转账支票存根（京）

$\frac{BE}{02}$48443530

附加信息

出票日期 2011年 12月 08日

收款人：新华电子
金　额：¥ 3000.00
用　途：支付赔偿款

单位主管 王林　会计 张宇

北京印钞厂证券分厂·2009年印制

经济业务 15

记账凭证

审核 复核

凭证字：收
凭证号：5
附件数：5
参考信息：
业务日期：2011年12月9日
日期：2011年12月9日 2011 年 第 12 期 已指定流量 序号：15

	摘要	科目	借方	贷方
1	报废码垛机	1002.01 - 银行存款 - 工商银行	100000	
2	报废码垛机	6711 - 营业外支出	100000	
3	报废码垛机	1602 - 累计折旧	800000	
4	报废码垛机	1601 - 固定资产		1000000
	合计：壹万元整		1000000	1000000

结算方式： 经办：
结算号： 往来业务：
审核：王威 过账：张宇 出纳：李飒 制单：李丽丽

原始凭证 15 -1/5

北京市兴业物流有限公司设备报废申请单

2011年12月09日

设备名称	码垛机	预计使用年限	5	已使用年限	4
设备编号		原值（元）	10000.00	已提折旧（元）	8000.00
使用部门	仓储部门	折余价值(元)	2000.00	预计残值（元）	0.00
报废原因	不需用	技术部门意见	机器设备陈旧，建议报废。 吴琼		
报废处理建议	送废品公司回收	设备部门意见	同意报废。 张海		
企业领导意见	同意	报废日期	2011年12月09日		

经办部门：仓储部门 经办人：张熙

原始凭证 15－2/5

固定资产转移单

变动日期：2011年12月09日

固定资产名称	数　量	转出房间号	转入房间号	备　注	设备处留存
码垛机	1	A102	B666		
转入单位	库房	负责人	张海		
转出单位	仓储部门	负责人	张熙		

原始凭证 15－3/5

北京市行政事业性统一收费票据 NO. 2335434

财 11—02—01　　支票号：1121677668100111

交款单位或个人	北京市兴业物流有限公司		购领证号 331
收费项目名称	收费标准	数量	金　额
废物清理	1000.00	1	1000.00
合　计		1	¥1000.00
金额（大写）壹仟元整			

北京市财政局监制（2010印制）

第二联 收据

收费单位(印章)　审核人(签章)　收款人(签章)　2011年 12月 09日

北京市安力搬运公司 财务专用章

原始凭证 15 –4/5

北京市 售发票

税号：

收款单位：北京市兴业物流有限公司

付款单位(个人)：绿化回收公司

发票代码：000000000000

发票号码：00000000

密码：

项目	单价	数量	金额
码垛机	1000	1	1000

小写合计：￥1000.00

大写合计：壹仟元整

第一联 发票联

机打号码：

机器编号：

税控码：

收款员：刘倩

开票日期：2011年12月09日

收款单位：（北京市兴业物流有限公司 310440135087366 发票专用章）

原始凭证 15 –5/5

中国工商银行进账单（收账通知） 3

2011年12月09日

收款人	全称	北京市兴业物流有限公司	付款人	全称	绿化回收公司
	账号	09004659081		账号	100002138418732
	开户银行	中国工商银行皂君庙支行		开户银行	中国工商银行
金额	人民币（大写）	壹仟元整		亿千百十万千百十元角分	￥100000

票据种类	转	票据张数	1
票据号码	050422		
复核 记账			

中国工商银行北京市皂君庙支行 2011.12.09 收款人开户银行盖章 转讫

经济业务16

记账凭证

审核 复核

凭证字：转
凭证号：4
附件数：2
序号：16

参考信息：
业务日期：2011年12月9日
日期：2011年12月9日 2011 年 第 12 期

	摘要	科目	借方	贷方
1	购买码垛机	1601 - 固定资产	1200000	
2	购买码垛机	2202.05 - 应付账款 - 北京自创包装		1200000
	合计：壹万贰仟元整		1200000	1200000

结算方式：
结算号：
经办：
往来业务：

审核：王威 过账：张宇 出纳：李飒 制单：李丽丽

原始凭证16－1/2

1100103620 北京增值税专用发票 № 02353194

发票联

开票日期：2011年12月09日

购货单位	
名称	北京市兴业物流有限公司
纳税人识别号	310440135087366
地址、电话	北京市海淀区学院路14号 010-83948730
开户行及账号	中国工商银行 09004659081

密码区：8-3<01*6/2>45+*10>0*0 <1+<68<1682>90>973618 31654895*81<507**8-2+ 2><+>1->-562/5826>>-1
加密版本：01 1100103620 02353192

货物或应税劳务名称	规格型号	单位	数量	单价	金额	税率	税额
码垛机		辆	1.00	10,256.00	10,256.00	17%	1,744.00
合计					￥10,256.00		￥1,744.00
价税合计（大写）	壹万贰仟元整				（小写）	￥12,000.00	

销货单位	
名称	北京自创包装设备有限公司
纳税人识别号	240110321221189
地址、电话	北京市海淀区北三环中路20号
开户行及账号	中国工商银行 07662134012

备注：

收款人：李小萌 复核：徐晓 开票人：徐林林 销货单位（章）

北京自创包装设备有限公司 240110321221189 发票专用章

国税函〔2010〕334号北京印钞厂

第二联：发票联 购货方记账凭证

原始凭证 16－2/2

固定资产验收单

2011年12月09日

名称	单位	数量	价格	预计使用年限	使用部门
码垛机	辆	1	12000	5年	仓储部门
备注					

制单：张宇　　　　审核：李煦

经济业务 17

记账凭证

审核　复核

凭证字：转
凭证号：5
参考信息：　　附件数：1
业务日期：2011年12月9日　　日期：2011年12月9日 2011 年 第 12 期　　已指定流量　序号：17

	摘要	科目	借方	贷方
1	运输部门领用包装用纸	6401.01 － 主营业务成本 － 运输部门	58500	
2	运输部门领用包装用纸	1403 － 物料用品		58500
	合计：伍佰捌拾伍元整		58500	58500

结算方式：　　经办：
结算号：　　往来业务：

审核：王威　　过账：张宇　　出纳：李飒　　制单：李丽丽

原始凭证 17－1/1

领 料 单

NO：003458

发料仓库：包装物及低值易耗品仓库　　2011年12月09日　　记 账 联

领料部门	材料类别	材料名称	计量单位	数量		单价	金额	用　途
				请领	实领			
运输部门	包装物	包装商品用纸	打	50	50	11.7	585.00	商品包装
合　计								

仓库主管：张熙　　发料人：张赫　　领料人：王翔

经济业务 18

记账凭证

审核　复核

凭证字：付
凭证号：8
参考信息：
附件数：1
业务日期：2011年12月9日　　日期：2011年12月9日　2011 年 第 12 期　　已指定流量　序号：18

	摘要	科目	借方	贷方
1	支付北京自创的设备款	2202.05 － 应付账款 － 北京自创包装	1200000	
2	支付北京自创的设备款	1002.01 － 银行存款 － 工商银行		1200000
	合计：壹万贰仟元整		1200000	1200000

结算方式：　　经办：
结算号：　　往来业务：

审核：王威　　过账：张宇　　出纳：李飒　　制单：李丽丽

原始凭证 18－1/1

北京印钞厂证券分厂·2009年印制

中国工商银行
转账支票存根（京）

$\frac{BE}{02}$48443531

附加信息

出票日期 2011年 12月 09日

收款人：	北京自创包装
金　额：	￥12000.00
用　途：	购买码垛机

单位主管 王林　会计 张宇

经济业务 19

记账凭证　审核　复核

凭证字：付
凭证号：9
参考信息：
附件数：2
业务日期：2011年12月12日　日期：2011年12月12日　2011 年 第 12 期　已指定流量　序号：19

	摘要	科目	借方	贷方
			万千百十亿千百十万千百十元角分	万千百十亿千百十万千百十元角分
1	支付推广费	6601 － 销售费用	300000	
2	支付推广费	1002.01 － 银行存款 － 工商银行		300000
	合计：叁仟元整		300000	300000

结算方式：　　经办：
结算号：　　往来业务：

审核：王威　过账：张宇　出纳：李飒　制单：李丽丽

原始凭证 19－1/2

中国工商银行
转账支票存根 (京)

BE
02 48443535

附加信息

出票日期 2011 年 12 月 12 日

收款人:	华视传媒有限责任公司
金 额:	¥ 3000.00
用 途:	支付广告费

单位主管 王林 会计 张宇

原始凭证 19－2/2

北京市服务业、娱乐业、文化体育业专用发票
BEIJING SPECIAL INVOICE FOR SERVICE INDUSTRY ENTERTAINMENT INDUSTRY AND PHYSICAL CULTURE INDUSTRY

发票联
INVOICE

发票代码 INVOICE CODE 000000000000
发票号码 INVOICE NO. 00000000
信息码 0000000000

税务登记号 TAX REGISTRY NO.: 103843485729742
收款单位 PAYEE: 华视传媒有限责任公司
付款单位（个人）PAYER: 北京市兴业物流有限公司

经营项目 SERVICE ITEM	金额 AMOUNT CHARGED
广告策划费	¥ 3000.00

金额合计 TOTAL IN CAPITALS: 叁仟元整
机打票号 PRINTING NO.: 2342254525
税控码 ANTI-FORGE CODE: 135355
税控装置号 RECEIVER NO.: 42222222
开票日期 DATE ISSUED: 2011年12月12日

收款单位(盖章) PAYEE SEAL: 103843485729742 发票专用章

税控装置打印发票手开无效
PRINTED BY RECEIVER, HAND-WRITING INVALID

第二联 发票联

经济业务 20

记账凭证 审核 复核

凭证字：付　凭证号：10　附件数：1　序号：20

参考信息：

业务日期：2011年12月12日　　日期：2011年12月12日　2011 年 第 12 期　已指定流量

	摘要	科目	借方	贷方
1	支付罚款	6711 - 营业外支出	10000	
2	支付罚款	1001 - 库存现金		10000
	合计：壹佰元整		10000	10000

结算方式：　　经办：

结算号：　　往来业务：

审核：王威　过账：张宇　出纳：李飒　制单：李丽丽

原始凭证 20－1/1

北京市行政事业性统一收费票据 NO. 2335434

财 11—02—01　　支票号：48443532

交款单位或个人	北京市兴业物流有限公司		购领证号 331
收费项目名称	收费标准	数量	金额
违规排放罚款			100.00
合计		1	¥100.00
金额（大写）	元整		

收费单位（印章）　审核人（签章）　收款人（签章）　2011年 12月 12日

北京市财政局监制（2010印制）

第二联 收据

北京市环境保护管理局 财务专用章

经济业务21

记账凭证 审核 复核

凭证字：付
凭证号：11
附件数：1
参考信息：
业务日期：2011年12月12日　　日期：2011年12月12日　2011 年 第 12 期　　已指定流量　　序号：21

	摘要	科目	借方	贷方
1	支付租赁费	6401.02 - 主营业务成本 - 仓储部门	800000	
2	支付租赁费	1002.01 - 银行存款 - 工商银行		800000
	合计：捌仟元整		800000	800000

结算方式：　　　　　　　　经办：
结算号：　　　　　　　　　往来业务：
审核：王威　　过账：张宇　　出纳：李飒　　制单：李丽丽

原始凭证21－1/2

北京市服务业、娱乐业、文化体育业专用发票
BEIJING SPECIAL INVOICE FOR SERVICE INDUSTRY ENTERTAINMENT INDUSTRY AND PHYSICAL CULTURE INDUSTRY
发票联
INVOICE

发票代码：000000000000
发票号码：00000000
密码：
防伪码：0000000000
05020100-0000001-23456785

税务登记号：103843485729
收款单位：北京信和房地产有限公司
付款单位（个人）：北京市兴业物流有限公司

经营项目 SERVICE ITEM	金额 AMOUNT CHARGED
	¥8.000.00

金额合计 TOTAL IN CAPITAL：捌仟元整
机打票号 PRINTING NO.：2343343333
税控码：
税控机器号 RECEIVER NO：42222222
开票日期 DATE ISSUED：2011年12月12日
收款单位 PAYEE：
（印章）北京旺财餐饮有限公司 102883010343434 发票专用章
税控装置打印发票手开无效
PRINTED BY RECEIVER,HAND-WRITING INVALID

原始凭证 21 - 2/2

中国工商银行
转账支票存根（京）

BE/02 48443536

北京印钞厂证券分厂·2009年印制

附加信息

出票日期 2011年 12月 12日

收款人：北京信和房地产

金　额：￥8000.00

用　途：支付租赁费

单位主管 王林　会计 张宇

经济业务 22

记账凭证　审核　复核

凭证字：收
凭证号：6
附件数：2
参考信息：
业务日期：2011年12月12日
日期：2011年12月12日　2011 年 第 12 期　已指定流量　序号：22

	摘要	科目	借方	贷方
1	报销差旅费	6602 - 管理费用	250000	
2	报销差旅费	1001 - 库存现金	150000	
3	报销差旅费	1221 - 其他应收款		400000
	合计：肆仟元整		400000	400000

结算方式：　　经办：
结算号：　　往来业务：

审核：王威　过账：张宇　出纳：李钒　制单：李丽丽

原始凭证 22－1/2

收 款 收 据

№:8000001

日期: 2011年 12月 12日

今收到 王慧

交来 剩余差旅费

人民币(大写) 壹仟伍佰元整

￥: 1500.00 ☑现金 □支票 □转账 □其它

收款单位(盖章): 兴业物流有限公司 财务专用章

会计: 张宇 记帐: 王林 出纳: 李飒 经手人:

第三联财务记账联

原始凭证 22－2/2

北京市兴业物流有限公司出差报销单

2011 年 12 月 12 日

姓　名	王慧	工作部门	管理部门	出差日期	12 月 1 日—12 月 4 日
出差事由	外出联系工作	出差地点	天津	往返天数	4 天
发生费用	交通费	住宿费	伙食补贴	其　他	合　计
	500. 00	1 200. 00	700. 00	100. 00	2 500. 00
合　计	500. 00	1 200. 00	700. 00	100. 00	2 500. 00
	人民币（大写） 贰仟伍佰元整				
预借金额	4000. 00	应退金额	1 500. 00	应初金额	

批准人：陈康　　审核人：杜梅　　部门主管：秦峰　　出差人：王慧

经济业务23

记账凭证　审核　复核

凭证字：转　凭证号：6　附件数：1

参考信息：

业务日期：2011年12月13日　日期：2011年12月13日　2011 年 第 12 期　已指定流量　序号：23

	摘要	科目	借方（万千百十亿千百十万千百十元角分）	贷方（万千百十亿千百十万千百十元角分）
1	确认运输合同	1122 － 应收账款	5000000	
2	确认运输合同	6001.01 － 主营业务收入 － 运输部门		5000000
	合计：伍万元整		5000000	5000000

结算方式：　　经办：

结算号：　　往来业务：

审核：王威　过账：张宇　出纳：李飒　制单：李丽丽

原始凭证23－1/1

北京市兴业物流有限公司 记账联　N0：05404

单位名称：河阳股份有限公司　2011年 12 月 13 日　托运单编号：146

货物名称	计费重量	费用项目	单价	金额：十	万	千	百	十	元	角	分
生产设备	50台	商品运输费	1000.00		5	0	0	0	0	0	0
合　计				¥	5	0	0	0	0	0	0
	（大写）伍万元整										

复核：刘涛　制单：杨梅　盖章：兴业物流有限公司 310440135087366 发票专用章

经济业务 24

记账凭证 审核 复核

凭证字：收
凭证号：7
附件数：1
序号：24

参考信息：
业务日期：2011年12月14日　　日期：2011年12月14日　2011 年 第 12 期　已指定流量

	摘要	科目	借方	贷方
1	收到河阳股份的合同款	1002.01 - 银行存款 - 工商银行	5000000	
2	收到河阳股份的合同款	1122 - 应收账款		5000000
	合计：伍万元整		5000000	5000000

结算方式：　　经办：
结算号：　　往来业务：

审核：王威　过账：张宇　出纳：李飒　制单：李丽丽

原始凭证 24 - 1/1

中国工商银行进账单（收账通知）　3

2011年12月14日

收款人	全称	北京市兴业物流有限公司	付款人	全称	河阳股份有限公司
	账号	09004659081		账号	9558 8434 4869 2648 434
	开户银行	中国工商银行皂君庙支行		开户银行	中国工商银行

金额	人民币（大写）伍万元整	亿	千	百	十	万	千	百	十	元	角	分
					¥	5	0	0	0	0	0	0

票据种类	转	票据张数	1
票据号码	050434		
复核　记账			

中国工商银行北京市
皂君庙支行
2011.12.14
收款人开户银行盖章
转
讫

经济业务 25

记账凭证

审核 复核

凭证字：付
凭证号：12
附件数：1
参考信息：
业务日期：2011年12月15日
日期：2011年12月15日 2011 年 第 12 期
已指定流量 序号：25

	摘要	科目	借方	贷方
1	支付货运汽车款	2202.03 - 应付账款 - 北京长安汽车	40000000	
2	支付货运汽车款	1002.01 - 银行存款 - 工商银行		40000000
	合计：肆拾万元整		40000000	40000000

结算方式：
结算号：
经办：
往来业务：

审核：王威 过账：张宇 出纳：李飒 制单：李丽丽

原始凭证 25－1/1

中国工商银行
转账支票存根 （京）

BE 02 48443537

附加信息

出票日期 2011年 12月 14日

收款人：	北京长安汽车
金 额：	¥400000.00
用 途：	支付货运款

单位主管 王林 会计 张宇

北京印钞厂证券分厂·2009年印制

经济业务26

记账凭证 审核 复核

凭证字：付
凭证号：13
附件数：2
序号：26

参考信息：
业务日期：2011年12月15日
日期：2011年12月15日 2011 年 第 12 期 已指定流量

	摘要	科目	借方	贷方
1	购买文件柜	1403 － 物料用品	160000	
2	购买文件柜	1002.01 － 银行存款 － 工商银行		160000
	合计：壹仟陆佰元整		160000	160000

结算方式：
结算号：
经办：
往来业务：

审核：王威　过账：张宇　出纳：李飒　制单：李丽丽

原始凭证26－1/2

北京增值税普通发票

1100103620　№ 02538186

发票联

开票日期：2011年12月07日

购货单位	名　　称：北京市兴业物流有限公司 纳税人识别号：310440135087366 地 址、电 话：北京市海淀区学院路14号 010-83948730 开户行及账号：中国工商银行 09004659081	密码区	8-3<01*6/2>45+*10>0*0 加密版本:01 <1+<68<1682>90>973618 1100103620 31654895*81<507**8-2+ 2><+>1->-562/5826>>-1 02353192

货物或应税劳务名称	规格型号	单位	数量	单价	金额	税率	税额
文件柜		个	4.00	342.00	1,368.00	17%	232.00
合　　计					￥1,368.00		￥232.00
价税合计（大写）	壹仟陆元整				（小写）	￥1,600.00	

销货单位	名　　称：乐天玛特股份有限公司 纳税人识别号：240110321386547 地 址、电 话：北京市海淀区北三环中路40号 开户行及账号：中国工商银行 07662134076	备注	（乐天玛特股份有限公司 240110321386547 发票专用章）

收款人：张啸天　复核：张贝贝　开票人：王笑　销货单位（章）

国税函［2010］334号北京印钞厂

第二联：发票联 购货方记账凭证

原始凭证 26－2/2

中国工商银行
转账支票存根 （京）

$\frac{BE}{02}$ 48443538

附加信息

出票日期 2011年 12月 15日

收款人：	乐天玛特
金　额：	￥1600.00
用　途：	支付购买款

单位主管 王林 会计 张宇

经济业务 27

记账凭证 （审核）（复核）

凭证字：转
凭证号：7
附件数：1
序号：27
参考信息：
业务日期：2011年12月16日
日期：2011年12月16日 2011 年 第 12 期 已指定流量

	摘要	科目	借方	贷方
1	确认运输收入	1122 － 应收账款	6000000	
2	确认运输收入	6001.01 － 主营业务收入 － 运输部门		6000000
	合计：陆万元整		6000000	6000000

结算方式：
结算号：
经办：
往来业务：

审核：王威　过账：张宇　出纳：李讽　制单：李丽丽

原始凭证 27－1/1

北京市兴业物流有限公司记账联 NO：05401

单位名称：新发食品有限公司 2011年 12 月 16 日 托运单编号：05

货物名称	计费重量	费用项目	单价	金额 十	万	千	百	十	元	角	分
食品	30吨	商品运输费	2000.00		6	0	0	0	0	0	0
合　计				¥	6	0	0	0	0	0	0
	(大写)陆万元整										

复核：刘涛 制单：杨梅 盖章：兴业物流有限公司 310440135087366 发票专用章

经济业务 28

记账凭证 审核 复核

凭证字：付
凭证号：14
附件数：1
参考信息：
业务日期：2011年12月16日
日期：2011年12月16日 2011 年 第 12 期 已指定流量 序号：28

	摘要	科目	借方	贷方
1	支付招待费	6602 － 管理费用	280000	
2	支付招待费	1001 － 库存现金		280000
	合计：贰仟捌佰元整		280000	280000

结算方式： 经办：
结算号： 往来业务：

审核：王威 过账：张宇 出纳：李珮 制单：李丽丽

原始凭证 28－1/1

北京市服务业、娱乐业、文化体育业专用发票

BEIJING SPECIAL INVOICE FOR SERVICE INDUSTRY ENTERTAINMENT INDUSTRY AND PHYSICAL CULTURE INDUSTRY

发票联 INVOICE

发票代码 000000000000

发票号码 00000000

税务登记号：103843485729742

收款单位：老北京烤鸭店

付款单位（个人）：北京市兴业物流有限公司

经营项目 SERVICE ITEM	金额 AMOUNT CHARGED
饮食	2800

金额合计 TOTAL IN CAPITAL 2800

机打票号：2343254525

税控码：186355

税控装置号：42222222

开票日期：2011年12月16日

收款单位（盖章）PAYEE SEAL

税控装置打印发票手开无效 PRINTED BY RECEIVER, HAND-WRITING INVALID

经济业务 29

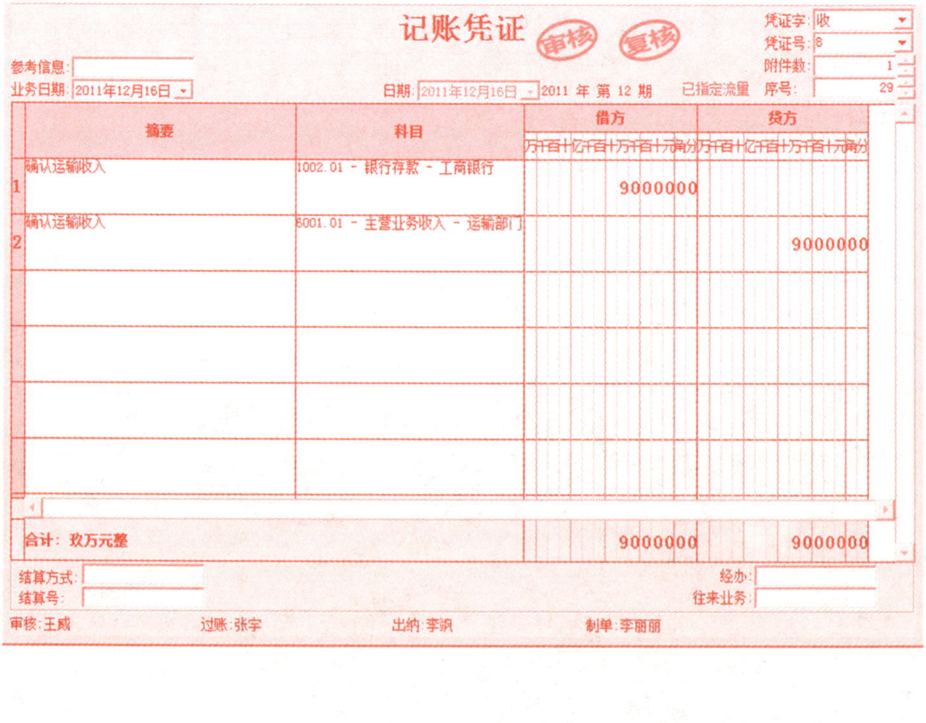

记账凭证

凭证字：收 凭证号：8 附件数：1 序号：29

业务日期：2011年12月16日 日期：2011年12月16日 2011 年 第 12 期

	摘要	科目	借方	贷方
1	确认运输收入	1002.01 － 银行存款 － 工商银行	9000000	
2	确认运输收入	6001.01 － 主营业务收入 － 运输部门		9000000
	合计：玖万元整		9000000	9000000

结算方式： 经办：

结算号： 往来业务：

审核：王威 过账：张宇 出纳：李沨 制单：李丽丽

原始凭证29－1/1

中国工商银行进账单（收账通知） 3

2011年12月16日

收款人	全称	北京市兴业物流有限公司	付款人	全称	天津翔安有限公司
	账号	09004659081		账号	9558 8948 4869 2648 948
	开户银行	中国工商银行皂君庙支行		开户银行	中国工商银行
金额	人民币（大写）玖万元整			亿千百十万千百十元角分	¥9000000
票据种类	转	票据张数	1		
票据号码	050421				
复核 记账					

中国工商银行北京市皂君庙支行
2011.12.16
收款人开户银行盖章
转讫

经济业务30

记账凭证

审核 复核

凭证字：收
凭证号：9
附件数：2
序号：30

参考信息：
业务日期：2011年12月16日
日期：2011年12月16日 2011年第12期 已指定流量

	摘要	科目	借方	贷方
1	确认仓储收入	1002.01－银行存款－工商银行	5000000	
2	确认仓储收入	6001.02－主营业务收入－仓储部门		5000000
	合计：伍万元整		5000000	5000000

结算方式：
结算号：
经办：
往来业务：

审核：王威 过账：张宇 出纳：李飒 制单：李丽丽

原始凭证 30－1/2

北京市兴业物流有限公司 仓单 ②

日期 2011年 12月 16日 NO.00022

存货人：北京泰安集团 账号：600032315675

北京市兴业物流有限公司，已收到 北京泰安集团 公司的货物代为保管，存储期从2011年 10 月 16 日至2011年 12 月 16 日，存储仓库为 第四仓库 。

仓储物名称	品种规格	性质	数量	包装	件数	仓储费（元）
原材料			50000			50000.00
货值合计金额（大写）伍万元整				￥（小写）50,000.00		

凭单提货

仓管人（签章）（印章：兴业物流有限公司 仓储部）

经办：张熙 复核：王桑

注：仓储物（已/未）办理保险，

保险金额￥________元，

保险期限________

保险人：________

原始凭证 30－2/2

中国工商银行进账单（收账通知） 3

2011年12月16日

收款人	全称	北京市兴业物流有限公司	付款人	全称	北京泰安集团
	账号	09004659081		账号	9558 8434 4869 2648 948
	开户银行	中国工商银行皂君庙支行		开户银行	中国工商银行

金额	人民币（大写）伍万元整	亿	千	百	十	万	千	百	十	元	角	分
					￥	5	0	0	0	0	0	0

票据种类	转	票据张数	1
票据号码	050421		
复核 记账			

（印章：中国工商银行北京市皂君庙支行 2011.12.16 转讫）

收款人开户银行盖章

经济业务31

记账凭证 审核 复核

凭证字：收
凭证号：10
附件数：1
序号：31

参考信息：
业务日期：2011年12月19日　　日期：2011年12月19日　2011 年 第 12 期　　已指定流量

	摘要	科目	借方	贷方
1	收取租赁费和押金	1002.01 － 银行存款 － 工商银行	27000000	
2	收取租赁费和押金	6051 － 其他业务收入		2000000
3	收取租赁费和押金	2241 － 其他应付款		25000000
	合计：贰拾柒万元整		27000000	27000000

结算方式：　　　　经办：
结算号：　　　　往来业务：

审核：王威　　过账：张宇　　出纳：李飒　　制单：李丽丽

原始凭证31－1/1

中国工商银行进账单（收账通知）　3

2011年12月19日

收款人	全　称	北京市兴业物流有限公司	付款人	全　称	华立股份有限公司
	账　号	09004659081		账　号	9558 8434 4869 8434 948
	开户银行	中国工商银行皂君庙支行		开户银行	中国工商银行
金额	人民币（大写）贰拾柒万元整			亿千百十万千百十元角分	¥27000000
票据种类	转	票据张数	1		
票据号码	050421				
复核　记账				收款人开户银行盖章	

中国工商银行北京市
皂君庙支行
2011.12.19
转
讫

经济业务 32

记账凭证

审核 复核

凭证字：付
凭证号：15
附件数：1
参考信息：
业务日期：2011年12月19日
日期：2011年12月19日 2011 年 第 12 期 已指定流量
序号：32

	摘要	科目	借方	贷方
			万千百十亿千百十万千百十元角分	万千百十亿千百十万千百十元角分
1	支付维修费	6401.01 － 主营业务成本 － 运输部门	200000	
2	支付维修费	1002.01 － 银行存款 － 工商银行		200000
	合计：贰仟元整		200000	200000

结算方式：
结算号：
经办：
往来业务：

审核：王威　过账：张宇　出纳：李飒　制单：张宇

原始凭证 32－1/1

中国工商银行
转账支票存根（京）

BE/02 48443539

北京印钞厂证券分厂·2009年印制

附加信息

出票日期 2011年 12月 19日

收款人：	北京万通维修
金　额：	¥2000.00
用　途：	支付维修费

单位主管 王林　会计 张宇

经济业务33

记账凭证 （审核）（复核）

凭证字：转　凭证号：8　附件数：1　序号：33

参考信息：

业务日期：2011年12月20日　　日期：2011年12月20日　2011 年 第 12 期　已指定流量

	摘要	科目	借方	贷方
1	确认仓储收入	1121 - 应收票据	1300000	
2	确认仓储收入	6001.02 - 主营业务收入 - 仓储部门		1300000
	合计：壹万叁仟元整		1300000	1300000

结算方式：　　　　经办：

结算号：　　　　往来业务：

审核：王威　过账：张宇　出纳：李沨　制单：李丽丽

原始凭证33－1/1

兴业物流有限公司 仓单 ②

日期　2011年　12月　20 日　　NO. 00023

存货人：北京丽都服装有限公司　　账号：603469035675

北京市兴业物流有限公司，已收到北京丽都服装有限公司的货物代为保管，存储期从2011年 11 月 20 日至2011年 12 月 20 日，存储仓库为 第三仓库 。

仓储物名称	品种规格	性质	数量	包装	件数	仓储费（元）
原材料			13000			13000.00
货值合计金额（大写）壹万叁仟元整				￥（小写）13,000.00		

凭单提货

仓管人（签章）（印章：兴业物流有限公司 仓储部）

经办：张熙　　复核：王桑

注：仓储物（已/未）办理保险，

保险金额￥________元，

保险期限________

保险人：________

经济业务34

记账凭证 审核 复核

凭证字：转
凭证号：9
附件数：1
参考信息：
业务日期：2011年12月20日　　日期：2011年12月20日 2011 年 第 12 期　　已指定流量　序号：34

	摘要	科目	借方	贷方
1	确认运输收入	1122 - 应收账款	7000000	
2	确认运输收入	6001.01 - 主营业务收入 - 运输部门		7000000
	合计：柒万元整		7000000	7000000

结算方式：　　经办：
结算号：　　往来业务：

审核：王威　　过账：张宇　　出纳：李飒　　制单：李丽丽

原始凭证34－1/1

北京市兴业物流有限公司 记账联　　N0：05440

单位名称：太原煤矿有限公司　　2011年 12 月 20 日　　托运单编号：145

货物名称	计费重量	费用项目	单价	十	万	千	百	十	元	角	分
煤炭	700000斤	商品运输费	0.10元		7	0	0	0	0	0	0
合　计				￥	7	0	0	0	0	0	0
	(大写)柒万元整										

复核：刘涛　　制单：杨梅　　盖章：（兴业物流有限公司 310440135087366 发票专用章）

经济业务 35

记账凭证 审核 复核

凭证字：付
凭证号：16
附件数：1
参考信息：
业务日期：2011年12月21日
日期：2011年12月21日 2011 年 第 12 期 已指定流量 序号：35

	摘要	科目	借方	贷方
1	预付差旅费	1221 - 其他应收款	300000	
2	预付差旅费	1001 - 库存现金		300000
	合计：叁仟元整		300000	300000

结算方式： 经办：
结算号： 往来业务：

审核：王威 过账：张宇 出纳：李飒 制单：李丽丽

原始凭证 35－1/1

借　款　单 编号：0011

资金性质：现金 2011 年 12 月 21 日

部门	运输部门		
项目名称		预算科目	
借款理由	出差		
借款金额	人民币（大写）叁仟元整　¥ 3000.00		
领导批示 同意		财务主管 王林	

部门主管 王林 会计 张宇 出纳 李飒 领款人 王慧

UFIDA用友表单 7.1借款单-2 S0242-2

编号：0011
姓名：刘洋
日期：2010年12月21日
金额：3000.00
用途：出差

日期 / 报销	月 日	月 日	月 日
核销金额			
交回金额			
尚欠金额			
会计			
出纳			
领款人			

经济业务 36

记账凭证　审核　复核

凭证字：付　凭证号：17　附件数：2　序号：36

参考信息：

业务日期：2011年12月21日　日期：2011年12月21日　2011 年 第 12 期　已指定流量

	摘要	科目	借方	贷方
1	偿还借款和利息	2001 - 短期借款	2000000	
2	偿还借款和利息	6603 - 财务费用	30000	
3	偿还借款和利息	1002.01 - 银行存款 - 工商银行		2030000
	合计：贰万零叁佰元整		2030000	2030000

结算方式：　　经办：

结算号：　　往来业务：

审核：张宇　过账：张宇　出纳：李飒　制单：王威

原始凭证 36－1/2

中国工商银行 INDUSTRIAL AND COMMERCIAL BANK OF CHINA　**流动资金还款凭证**（回单）　1

2011 年 12 月 21 日　京 00488837

付款人	全　称	北京市兴业物流有限公司	借款人	全　称	北京市兴业物流有限公司
	账　号	09004659081		账　号	09004659081
	开户行	中国工商银行皂君庙支行		开户行	中国工商银行皂君庙支行
计划还款日期		2011年12月21日	还款次序		第一次还款
还款金额		人民币（大写）　贰万元整			¥ 20000.00
还款内容		三个月短期借款			
上述借款已从你单位往来账户内转还。			中国工商银行北京市皂君庙支行 2011.12.21		复核 王海　记账 刘涛

175×85mm

原始凭证 36－2/2

中国工商银行 计收利息清单（收款通知） 1

INDUSTRIAL AND COMMERCIAL BANK OF CHINA

2011 年 12 月 21 日　　京 00488837

单位名称	北京市兴业物流有限公司	账　号	09004659081
贷款金额	20000.00元	起讫日期	2011年9月21日至12月21日
计算总基数	20000	利率（年）	6%
金额	人民币（大写） 叁佰元整	亿千百十万千百十元角分	¥30000
你单位上述应偿借款利息已从你单位账户划出。		中国工商银行北京市皂君庙支行 2011.12.21 复核 王梅　记账 刘涛	

175×85mm

经济业务 37

记账凭证　审核　复核

凭证字：收
凭证号：11
附件数：1
序号：37
参考信息：
业务日期：2011年12月22日　日期：2011年12月22日 2011 年 第 12 期　已指定流量

	摘要	科目	借方	贷方
1	收取租赁费和押金	1002.01 － 银行存款 － 工商银行	55000000	
2	收取租赁费和押金	6051 － 其他业务收入		5000000
3	收取租赁费和押金	2241 － 其他应付款		50000000
	合计：伍拾伍万元整		55000000	55000000

结算方式：　　经办：
结算号：　　往来业务：

审核：王威　过账：张宇　出纳：李飒　制单：李丽丽

原始凭证 37－1/1

中国工商银行进账单（收账通知） 3

2011年12月22日

收款人	全称	北京市兴业物流有限公司	付款人	全称	北京瑞特有限公司
	账号	09004659081		账号	9558 8458 4869 2648 948
	开户银行	中国工商银行皂君庙支行		开户银行	中国工商银行

金额	人民币（大写）伍拾伍万元整	亿	千	百	十	万	千	百	十	元	角	分
				¥	5	5	0	0	0	0	0	0

票据种类	转	票据张数	1
票据号码	050421		
复核 记账			

中国工商银行北京市皂君庙支行 2011.12.22 收款人开户银行盖章 转讫

经济业务 38

记账凭证

审核 复核

凭证字：转　凭证号：10　附件数：1　序号：38

参考信息：

业务日期：2011年12月22日　日期：2011年12月22日　2011 年 第 12 期　已指定流量

	摘要	科目	借方	贷方
1	确认运输收入	1122 － 应收账款	5000000	
2	确认运输收入	6001.01 － 主营业务收入 － 运输部门		5000000
	合计：伍万元整		5000000	5000000

结算方式：　经办：

结算号：　往来业务：

审核：王威　过账：张宇　出纳：李钢　制单：李丽丽

原始凭证 38－1/1

北京市兴业物流有限公司 记账联　　NO：05401

单位名称：山东旺盛食品有限公司　　2011年 12 月 23 日　　托运单编号：145

货物名称	计费重量	费用项目	单价	金额 十	万	千	百	十	元	角	分
食品	500000.00	商品运输费	0.10元		5	0	0	0	0	0	0
合　计				¥	5	0	0	0	0	0	0
	（大写）伍万元整										

复核：刘涛　　　制单：杨梅　　　盖章：

（印章：兴业物流有限公司 310440135087366 发票专用章）

经济业务 39

记账凭证

（审核）（复核）

凭证字：转
凭证号：11
附件数：1
参考信息：
业务日期：2011年12月30日　　日期：2011年12月23日 2011 年 第 12 期　　已指定流量　序号：39

	摘要	科目	借方	贷方
1	确定运输收入	1122 － 应收账款	5000000	
2	确定运输收入	6001.01 － 主营业务收入 － 运输部门		5000000
	合计：伍万元整		5000000	5000000

结算方式：　　　经办：
结算号：　　　往来业务：

审核：王威　　过账：张宇　　出纳：李飒　　制单：李丽丽

原始凭证 39－1/1

北京市兴业物流有限公司 记账联　　NO：05405

单位名称：北京方丽实业股份公司　　2011年 12 月 23 日　　托运单编号：145

货物名称	计费重量	费用项目	单价	金额 十	万	千	百	十	元	角	分
木材	50000斤	商品运输费	1.00元		5	0	0	0	0	0	0
合　计				¥	5	0	0	0	0	0	0
	（大写）伍万元整										

复核：刘涛　　制单：杨梅　　盖章：兴业物流有限公司 310440135087366 发票专用章

经济业务 40

记账凭证　审核　复核

凭证字：付　凭证号：18　附件数：2　序号：40

参考信息：

业务日期：2011年12月23日　　日期：2011年12月23日 2011 年 第 12 期　　已指定流量

	摘要	科目	借方	贷方
1	购买办公用品	1403 － 物料用品	80000	
2	购买办公用品	1002.01 － 银行存款 － 工商银行		80000
	合计：捌佰元整		80000	80000

结算方式：　　经办：

结算号：　　往来业务：

审核：王威　　过账：张宇　　出纳：李飒　　制单：李丽丽

原始凭证 40－1/2

北京市 售发票

税号：

收款单位：北京市华联超市

付款单位(个人)：北京市兴业物流有限公司

发票代码：000000000000

发票号码：00000000

密 码：

项目	单价	数量	金额
文件夹	10	30	300
笔记本	15	20	300
钢笔	20	10	200

小写合计：¥800.00

大写合计：捌佰元整

第一联 发票联

机打号码：

机器编号：

税控码：

收款员：王浩

开票日期：2011年12月23日

收款单位(盖章有效)

北京市华联超市 234848917947 发票专用章

原始凭证 40－2/2

中国工商银行
转账支票存根 (京)

BE 02 48443540

附加信息

出票日期 2011 年 12 月 23 日

收款人：北京华联超市

金 额：¥800.00

用 途：购买办公用品

单位主管 王林 会计 张宇

经济业务41

记账凭证

审核 复核

凭证字：转
凭证号：12
附件数：1
参考信息：
业务日期：2011年12月26日
日期：2011年12月26日 2011 年 第 12 期
已指定流量
序号：41

	摘要	科目	借方	贷方
1	分配办公用品	6401.01 － 主营业务成本 － 运输部门	20000	
2	分配办公用品	6602 － 管理费用	30000	
3	分配办公用品	6601 － 销售费用	30000	
4	分配办公用品	1403 － 物料用品		80000
	合计：捌佰元整		80000	80000

结算方式：
结算号：
经办：
往来业务：

审核：王威　过账：张宇　出纳：李飒　制单：李丽丽

原始凭证41－1/1

领　料　单

NO：003459

发料仓库：包装物及低值易耗品仓库　　2011年12月26日　　记　账　联

领料部门	材料类别	材料名称	计量单位	数量		单价	金额	用途
				请领	实领			
行政部门	办公用品	文件夹	个	30	30	10	300	
运输部门		笔记本	个	20	20	15	200	
销售部门		钢笔	个	10	10	20	300	
合　计							800	

仓库主管：张熙　　发料人：王立新　　领料人：彭红　赵可　刘东

经济业务42

记账凭证 审核 复核

凭证字：付
凭证号：19
附件数：2
参考信息：
业务日期：2011年12月26日　　日期：2011年12月26日　2011 年 第 12 期　已指定流量　序号：42

	摘要	科目	借方	贷方
1	预订报纸	6602－管理费用	73000	
2	预订报纸	1002.01－银行存款－工商银行		73000
	合计：柒佰叁拾元整		73000	73000

结算方式：　　　　经办：
结算号：　　　　往来业务：

审核：王威　过账：张宇　出纳：李飒　制单：李丽丽

原始凭证42－1/2

中国工商银行
转账支票存根（京）

BE 02 48443541

附加信息

出票日期 2011 年 12 月 26 日

收款人：	北京通州区邮电局
金　额：	￥730.00
用　途：	报刊订阅费

单位主管 王林　会计 张宇

北京市印钞厂证券分厂·2009年印制

原始凭证 42－2/2

北京市服务业、娱乐业、文化体育业专用发票

BEIJING SPECIAL INVOICE FOR SERVICE INDUSTRY ENTERTAINMENT INDUSTRY AND PHYSICAL CULTURE INDUSTRY

发票联 INVOICE

发票代码 000000000000

发票号码 00000000

密码

信息码 0000000000

05020100-0000001-23456785

税务登记号：103843485729742

收款单位：北京市邮政局

付款单位（个人）：北京市兴业物流有限公司

经营项目 SERVICE ITEM	金额 AMOUNT CHARGED
报刊征订费	730.00
金额合计 TOTAL IN CAPITAL	730.00

机打票号 PRINTING NO：2343254525

税控码 ANTI-FORGE：183355

税控盘号 RECEIVER NO：42222222

开票日期 DATE ISSUED：2011年12月26日

收款单位（盖章）PAYEE SEAL：103843486729742（发票专用章）

税控器打印发票手开无效 PRINTED BY RECEIVER, HAND WRITING INVALID

经济业务 43

记账凭证 审核 复核

凭证字：收　凭证号：12　附件数：1　序号：43

参考信息：

业务日期：2011年12月26日　日期：2011年12月26日 2011 年 第 12 期　已指定流量

	摘要	科目	借方	贷方
1	收到运输合同款	1002.01 - 银行存款 - 工商银行	7000000	
2	收到运输合同款	1122 - 应收账款		7000000
	合计：柒万元整		7000000	7000000

结算方式：　经办：

结算号：　往来业务：

审核：王威　过账：张宇　出纳：李讽　制单：李丽丽

原始凭证 43－1/1

中国工商银行进账单（收账通知）　3

2011 年 12 月 26 日

收款人	全　称	北京市兴业物流有限公司	付款人	全　称	太原煤矿有限公司
	账　号	09004659081		账　号	9558 8434 4869 2648 434
	开户银行	中国工商银行皂君庙支行		开户银行	中国工商银行
金额	人民币（大写）	柒万元整		亿千百十万千百十元角分	¥7000000
票据种类	转	票据张数	1		
票据号码	050421				
复核　记账				中国工商银行北京市皂君庙支行 2011.12.26 转讫　收款人开户银行盖章	

经济业务 44

记账凭证

审核　复核

凭证字：付　凭证号：20　附件数：1　序号：44

参考信息：

业务日期：2011年12月26日　日期：2011年12月26日　2011 年 第 12 期　已指定流量

	摘要	科目	借方	贷方
1	返还押金	2241 － 其他应付款	50000000	
2	返还押金	1002.01 － 银行存款 － 工商银行		50000000
	合计：伍拾万元整		50000000	50000000

结算方式：　经办：

结算号：　往来业务：

审核：王威　过账：张宇　出纳：李飒　制单：李丽丽

原始凭证 44－1/1

中国工商银行
转账支票存根 (京)

BE/02 48443542

北京印钞厂证券分厂·2009年印制

附加信息

出票日期 2011年 12月 26日

收款人:	北京瑞特有限公司
金　额:	¥ 500 000.00
用　途:	返还押金

单位主管 王林 会计 张宇

经济业务 45

记账凭证 （审核）

凭证字：付
凭证号：21
附件数：1
参考信息：
业务日期：2011年12月27日
日期：2011年12月27日 2011 年 第 12 期 已指定流量 序号：45

	摘要	科目	借方	贷方
1	缴纳养路费	6401.01 － 主营业务成本 － 运输部门	1340000	
2	缴纳养路费	1002.01 － 银行存款 － 工商银行		1340000
	合计：壹万叁仟肆佰元整		1340000	1340000

结算方式：
结算号：
经办：
往来业务：

审核：王威　过账：张宇　出纳：李飒　制单：李丽丽

原始凭证 45－1/1

中国工商银行
转账支票存根 (京)

BE 02 48443543

北京印钞厂证券分厂·2009年印制

附加信息

出票日期2011年 12月 27 日

收款人:	北京市公路局
金　额:	￥ 13400.00
用　途:	缴纳养路费

单位主管 王林 会计 张宇

经济业务 46

记账凭证 (审核)

凭证字: 付
凭证号: 22
附件数: 2
序号: 46

参考信息:
业务日期: 2011年12月27日
日期: 2011年12月27日 2011 年 第 12 期　已指定流量

	摘要	科目	借方（万千百十亿千百十万千百十元角分）	贷方（万千百十亿千百十万千百十元角分）
1	支付洗车费	6401.01 － 主营业务成本 － 运输部门	650000	
2	支付洗车费	1002.01 － 银行存款 － 工商银行		650000
	合计：陆仟伍佰元整		650000	650000

结算方式:　　　　经办:
结算号:　　　　往来业务:

审核:王威　过账:张宇　出纳:李飒　制单:李丽丽

原始凭证 46－1/2

北京市服务业、娱乐业、文化体育业专用发票

BEIJING SPECIAL INVOICE FOR SERVICE INDUSTRY ENTERTAINMENT INDUSTRY AND PHYSICAL CULTURE INDUSTRY

发票联 INVOICE

发票代码 000000000000

发票号码 00000000

密码

信息码 0000000000

05020100-0000001-23456785

奖区

税务登记号：103843485729742
TAX REGISTRY NO.

收款单位：北京快洁汽车清洁公司
PAYEE

付款单位（个人）：北京市兴业物流有限公司
PAYER

经营项目 SERVICE ITEM	金额 AMOUNT CHARGED
洗车费	￥6500.00

金额合计 TOTAL IN CAPITAL：陆仟伍佰元整

机打票号 PRINTING NO.：2343257651

税控收款机号 RECEIVER NO.：42222222

开票日期 DATE ISSUED：2011年12月27日

收款单位 PAYEE（盖章）：北京快洁汽车清洁公司 102986456627913 发票专用章

税控器打印发票手开无效 PRINTED BY RECEIVER, HAND WRITING INVALID

二 发票联

原始凭证 46－2/2

中国工商银行
转账支票存根（京）

$\frac{BE}{02}$48443544

附加信息

出票日期2011年12月27日

收款人：	北京快洁汽车清洁公司
金 额：	￥6500.00
用 途：	支付洗车费

单位主管 王林 会计 张宇

北京印钞厂印制分厂·2009年印制

经济业务 47

记账凭证

审核 复核

凭证字：付
凭证号：23
附件数：2
序号：47

参考信息：
业务日期：2011年12月27日
日期：2011年12月27日 2011 年 第 12 期 已指定流量

	摘要	科目	借方	贷方
1	支付修理费	6401.01 - 主营业务成本 - 运输部门	785000	
2	支付修理费	1002.01 - 银行存款 - 工商银行		785000
	合计：柒仟捌佰伍拾元整		785000	785000

结算方式：
结算号：
经办：
往来业务：

审核：王威　　过账：张宇　　出纳：李飒　　制单：李丽丽

原始凭证 47 －1/2

北京市服务业、娱乐业、文化体育业专用发票

BEIJING SPECIAL INVOICE FOR SERVICE INDUSTRY ENTERTAINMENT INDUSTRY AND SPORTS & CULTURE INDUSTRY

发票联

发票代码 000000000000
发票号码 00000000
密码
防伪码 0000000000

税务登记号：103843485729742
收款单位：北京兴旺汽车维修中心
付款单位（个人）：北京市兴业物流有限公司

经营项目	金额
维修费	￥7，850.00

金额合计：柒仟捌佰伍拾元整
机打票号：2343346814
税控码：
税控器号：42222222
开票日期：2011年12月27日

原始凭证 47 –2/2

中国工商银行
转账支票存根 （京）

$\frac{BE}{02}$48443545

北京印钞厂证券分厂・2009年印制

附加信息

出票日期 2011年 12 月 27 日

收款人:	北京兴旺汽车维修中心
金　额:	￥7850.00
用　途:	支付维修费

单位主管 王林 会计 张宇

经济业务 48

记账凭证 审核 复核

凭证字：付
凭证号：24
附件数：2
参考信息：
业务日期：2011年12月28日 　日期：2011年12月28日 2011 年 第 12 期 　已指定流量 　序号：48

	摘要	科目	借方	贷方
1	支付零星修补费	6401.01 – 主营业务成本 – 运输部门	300000	
2	支付零星修补费	6602 – 管理费用	20000	
3	支付零星修补费	6601 – 销售费用	20000	
4	支付零星修补费	1002.01 – 银行存款 – 工商银行		340000
	合计：叁仟肆佰元整		340000	340000

结算方式： 　经办：
结算号： 　往来业务：

审核：王威 　过账：张宇 　出纳：李飒 　制单：李丽丽

原始凭证 48 –1/2

北京市服务业、娱乐业、文化体育业专用发票

BEIJING SPECIAL INVOICE FOR SERVICE INDUSTRY ENTERTAINMENT INDUSTRY AND PHYSICAL CULTURE INDUSTRY

发票联 INVOICE

发票代码 INVOICE CODE 000000000000

发票号码 INVOICE NO. 00000000

密码 PASSWORD

信息码 000000000

税务登记号：103843485729742
TAX REGISTRY NO

收款单位：北京兴旺汽车维修中心
PAYEE

付款单位（个人）：北京市兴业物流有限公司
PAYER

经营项目 SERVICE ITEM	金额 AMOUNT CHARGED
零星修补费	￥3，400.00

金额合计 TOTAL IN CAPITAL：叁仟肆佰元整

机打票号：2343346814
PRINTING NO.

税控码 RECEIVER NO：42222222

开票日期 DATE ISSUED：2011年12月28日

收款单位 PAYEE

税控器打印发票手开无效
PRINTED BY RECEIVER, HAND-WRITING INVALID

（印章：北京兴旺汽车维修中心 102883010387730 发票专用章）

二 发票联

原始凭证 48 –2/2

中国工商银行
转账支票存根 （京）

$\frac{BE}{02}$ 48443546

附加信息

出票日期 2011年 12月 28日

收款人：	北京兴旺汽车维修中心
金　额：	￥3400.00
用　途：	支付零星修补费

单位主管 王林 会计 张宇

北京印钞厂证券分厂 · 2009年印制

经济业务49

记账凭证 审核 复核

凭证字：付
凭证号：25
附件数：1
参考信息：
业务日期：2011年12月28日
日期：2011年12月28日 2011 年 第 12 期 已指定流量 序号：49

	摘要	科目	借方	贷方
1	返还押金	2241 － 其他应付款	25000000	
2	返还押金	1002.01 － 银行存款 － 工商银行		25000000
	合计：贰拾伍万元整		25000000	25000000

结算方式：
结算号：
经办：
往来业务：

审核：王威 过账：张宇 出纳：李飒 制单：李丽丽

原始凭证49－1/1

中国工商银行
转账支票存根（京）

BE/02 48443548

北京印钞厂证券分厂·2009年印制

附加信息

出票日期 2011年 12 月 28 日

收款人：	华立股份有限公司
金　额：	￥250000.00
用　途：	返还押金

单位主管 王林 会计 张宇

经济业务50

记账凭证 审核 复核

凭证字：收
凭证号：13
附件数：1
参考信息：
业务日期：2011年12月29日
日期：2011年12月29日 2011 年 第 12 期 已指定流量 序号：50

	摘要	科目	借方	贷方
1	收到运输合同款	1002.01 - 银行存款 - 工商银行	5000000	
2	收到运输合同款	1122 - 应收账款		5000000
	合计：伍万元整		5000000	5000000

结算方式： 经办：
结算号： 往来业务：

审核：王威 过账：张宇 出纳：李飒 制单：李丽丽

原始凭证50－1/1

中国工商银行进账单（收账通知） 3

2011年12月29日

收款人	全称	北京市兴业物流有限公司	付款人	全称	北京方丽实业有限公司
	账号	09004659081		账号	9558 8434 4558 2648 558
	开户银行	中国工商银行皂君庙支行		开户银行	中国工商银行
金额	人民币（大写）伍万元整			亿千百十万千百十元角分	¥5000000
票据种类	转	票据张数	1		
票据号码	050421				
复核 记账				收款人开户银行盖章	

中国工商银行北京市
皂君庙支行
2011.12.29
转
讫

经济业务51

记账凭证 审核 复核

凭证字：付 凭证号：14 附件数：1

参考信息：

业务日期：2011年12月16日 日期：2011年12月16日 2011 年 第 12 期 已指定流量 序号：28

	摘要	科目	借方	贷方
1	支付招待费	6602 - 管理费用	280000	
2	支付招待费	1001 - 库存现金		280000
	合计：贰仟捌佰元整		280000	280000

结算方式： 经办：

结算号： 往来业务：

审核：王威 过账：张宇 出纳：李飒 制单：李丽丽

原始凭证51－1/1

北京市兴业物流有限公司出差报销单

2011 年 12 月 29 日

姓　名	刘洋	工作部门	运输部门	出差日期	12 月 21—27 日
出差事由	外出联系工作	出差地点	天津	往返天数	7 天
发生费用	交通费	住宿费	伙食补贴	其　他	合　计
发生费用		2 700.00		100.00	2 800.00
发生费用					
合　计		2 700.00		100.00	2 800.00
	人民币(大写)　肆仟元整				
预借金额		应退金额		应初金额	2 800.00

批准人：陈康　　审核人：杜梅　　部门主管：秦峰　　出差人：刘洋

经济业务52

记账凭证 审核 复核

凭证字：收
凭证号：15
附件数：2
序号：52

参考信息：
业务日期：2011年12月29日　　日期：2011年12月29日　2011 年 第 12 期　已指定流量

	摘要	科目	借方（万千百十亿千百十万千百十元角分）	贷方（万千百十亿千百十万千百十元角分）
1	确认仓储收入	1002.01 - 银行存款 - 工商银行	2000000	
2	确认仓储收入	6001.02 - 主营业务收入 - 仓储部门		2000000
	合计：贰万元整		2000000	2000000

结算方式：　　经办：
结算号：　　往来业务：

审核：王威　　过账：张宇　　出纳：李飒　　制单：李丽丽

原始凭证52－1/1

中国工商银行进账单（收账通知）　　3

2011年12月29日

收款人	全　称	北京市兴业物流有限公司	付款人	全　称	立海工业有限公司
	账　号	09004659081		账　号	9486 8434 4869 2648 486
	开户银行	中国工商银行皂君庙支行		开户银行	中国工商银行

金额	亿	千	百	十	万	千	百	十	元	角	分
人民币（大写）贰万元整				¥	2	0	0	0	0	0	0

票据种类	转	票据张数	1
票据号码	050421		
复核　记账			

中国工商银行北京市
皂君庙支行
2011.12.29
收款人开户银行盖章
转
讫

经济业务53

记账凭证 审核 复核

凭证字：转
凭证号：13
附件数：1
参考信息：
业务日期：2011年12月31日
日期：2011年12月31日 2011 年 第 12 期 已指定流量 序号：53

	摘要	科目	借方	贷方
1	结转本月过路费	6401.01 － 主营业务成本 － 运输部门	1000000	
2	结转本月过路费	6602 － 管理费用	45000	
3	结转本月过路费	6601 － 销售费用	55000	
4	结转本月过路费	1012.02 － 其他货币资金 － 过路卡		1100000
	合计：壹万壹仟元整		1100000	1100000

结算方式：
结算号：
经办：
往来业务：

审核：王威 过账：张宇 出纳：李飒 制单：李丽丽

原始凭证 53－1/1

过路费分配表

2011 年 12 月 31 日

部门或用途	过路费		
	公里数	单价	金额
运输部门	25 000.00	0.4	10 000.00
行政部门	1 125.00	0.4	450.00
销售部门	1 375.00	0.4	550.00
合计	27 500.00	0.4	11 000.00

经济业务 54

记账凭证 审核 复核

凭证字：付
凭证号：26
附件数：1
序号：54

参考信息：
业务日期：2011年12月31日
日期：2011年12月31日 2011 年 第 12 期 已指定流量

	摘要	科目	借方	贷方
1	支付赔偿款	6401.01 - 主营业务成本 - 运输部门	400000	
2	支付赔偿款	1002.01 - 银行存款 - 工商银行		400000
	合计：肆仟元整		400000	400000

结算方式：
结算号：
经办：
往来业务：

审核：王威 过账：张宇 出纳：李娴 制单：李丽丽

原始凭证 54－1/1

中国工商银行
转账支票存根 （京）

BE 02 48443549

附加信息

出票日期 2011年 12 月 31 日

收款人：	北京方丽实业
金　额：	￥ 40000.00
用　途：	支付赔偿款

单位主管 王林 会计 张宇

经济业务 55

记账凭证　审核　复核

凭证字：转
凭证号：14
附件数：1
序号：55

参考信息：
业务日期：2011年12月31日

日期：2011年12月31日　2011 年 第 12 期　已指定流量

	摘要	科目	借方	贷方
1	结转工资及职工福利费	6401.01 - 主营业务成本 - 运输部门	1026000	
2	结转工资及职工福利费	6401.02 - 主营业务成本 - 仓储部门	6156000	
3	结转工资及职工福利费	6602 - 管理费用	4560000	
4	结转工资及职工福利费	6601 - 销售费用	2280000	
5	结转工资及职工福利费	2211.01 - 应付职工薪酬 - 工资		12300000
6	结转工资及职工福利费	2211.02 - 应付职工薪酬 - 职工福利		1722000
	合计：壹拾肆万零贰佰贰拾元整		14022000	14022000

结算方式：
结算号：
经办：
往来业务：

审核：王威　过账：张宇　出纳：李飒　制单：李丽丽

原始凭证 55－1/1

工资及职业福利费计算分配表

2011 年 12 月 31 日

部门	工资总额	职工福利费提取比例	职工福利费
运输部门	9 000. 00	14%	1 260. 00
仓储部门	54 000. 00	14%	7 560. 00
行政管理部门	40 000. 00	14%	5 600. 00
销售部门	20 000. 00	14%	2 800. 00
合计	123 000. 00		17 220. 00

经济业务 56

记账凭证 （审核）（复核）

凭证字：转
凭证号：15
附件数：1
参考信息：
业务日期：2011年12月31日
日期：2011年12月31日 2011 年 第 12 期 已指定流量 序号：56

	摘要	科目	借方	贷方
1	计提工会经费及教育费附加	6401.01 - 主营业务成本 - 运输部门	189000	
2	计提工会经费及教育费附加	6401.02 - 主营业务成本 - 仓储部门	31500	
3	计提工会经费及教育费附加	6602 - 管理费用	140000	
4	计提工会经费及教育费附加	6601 - 销售费用	70000	
5	计提工会经费及教育费附加	2211.03 - 应付职工薪酬 - 工会经费		246000
6	计提工会经费及教育费附加	2211.04 - 应付职工薪酬 - 教育经费		184500
	合计：肆仟叁佰零伍元整		430500	430500

结算方式：
结算号：
经办：
往来业务：

审核：王威　过账：张宇　出纳：李娟　制单：李丽丽

原始凭证 56－1/1

工会经费和职工教育经费计提表

2011 年 12 月 31 日

部门	工资总额	工会经费提提取率	工会经费	职工教育经费提取率	职工教育经费
运输部门	9 000.00	2%	180.00	1.50%	135.00
仓储部门	54 000.00	2%	1 080.00	1.50%	810.00
行政管理部门	40 000.00	2%	800.00	1.50%	600.00
销售部门	20 000.00	2%	400.00	1.50%	300.00
合计	123 000.00	2%	2 460.00	1.50%	1 845.00

经济业务 57

记账凭证　审核　复核

凭证字：转
凭证号：16
附件数：1
参考信息：
业务日期：2011年12月31日
日期：2011年12月31日　2011 年 第 12 期　已指定流量　序号：57

	摘要	科目	借方	贷方
1	结转本月水电费	6602 - 管理费用	170000	
2	结转本月水电费	6601 - 销售费用	130000	
3	结转本月水电费	2202.01 - 应付账款 - 北京自来水公司		180000
4	结转本月水电费	2202.02 - 应付账款 - 北京供电公司		120000
	合计：叁仟元整		300000	300000

结算方式：　　经办：
结算号：　　往来业务：

审核：王威　过账：张宇　出纳：李飒　制单：李丽丽

原始凭证 57－1/1

本月水费、电费耗用明细表

2011 年 12 月 31 日

部门或用途	水费			电费		
	数量	单价	金额	数量	单价	金额
行政部门	600		1 200	500		500
销售部门	300		600	700		700
合计	900	2	1 800	1 200	1	1 200

经济业务 58

记账凭证 审核 复核

凭证字：付
凭证号：27
附件数：1
序号：58

参考信息：
业务日期：2011年12月31日　　日期：2011年12月31日　2011 年 第 12 期　已指定流量

	摘要	科目	借方	贷方
1	支付租赁费	6602 - 管理费用	387500	
2	支付租赁费	1002.01 - 银行存款 - 工商银行		387500
	合计：叁仟捌佰柒拾伍元整		387500	387500

结算方式：　　经办：
结算号：　　往来业务：

审核：王威　过账：张宇　出纳：李飒　制单：李丽丽

原始凭证 58－1/1

中国工商银行
转账支票存根（京）

$\frac{BE}{02}$ 48443550

北京印钞厂证券分厂·2009年印制

附加信息

出票日期 2011 年 12 月 31 日

收款人：北京链家地产
金　额：￥3875.00
用　途：支付租赁费

单位主管 王林　会计 张宇

经济业务 59

记账凭证 审核 复核

凭证字：转
凭证号：17
附件数：1
参考信息：
业务日期：2011年12月31日
日期：2011年12月31日 2011 年 第 12 期 已指定流量 序号：59

	摘要	科目	借方	贷方
1	计提坏账准备	6701 - 资产减值损失	90000	
2	计提坏账准备	1231 - 坏账准备		90000
	合计：玖佰元整		90000	90000

结算方式：
结算号：
经办：
往来业务：

审核：王威　过账：张宇　出纳：李钢　制单：李丽丽

原始凭证 59－1/1

坏账准备计算表

2011 年 12 月 31 日

账户名称	应收账款	其他应收账款	计提比率	应提取额	期初余额	实际提取额
1 年以内	110 000.00	0.00	0%	0.00		
1～3 年	94 864.50	0.00	1%	948.65		
3 年以上	5 959.50	3 500.00	5%	472.97		
合计	210 824.00	3 500.00		1 421.62	521.62	900.00

经济业务 60

记账凭证 审核 复核

凭证字：付
凭证号：28
附件数：2
序号：60

参考信息：
业务日期：2011年12月31日
日期：2011年12月31日 2011 年 第 12 期 已指定流量

	摘要	科目	借方	贷方
1	支付水电费	2202.01 - 应付账款 - 北京自来水公司	180000	
2	支付水电费	2202.02 - 应付账款 - 北京供电公司	120000	
3	支付水电费	1002.01 - 银行存款 - 工商银行		300000
	合计：叁仟元整		300000	300000

结算方式：
结算号：
经办：
往来业务：

审核:王威　过账:张宇　出纳:李钡　制单:李丽丽

原始凭证 60－1/4

1100103620　**北京增值税专用发票**　№ 02353153

发票联

开票日期：2011年12月31日

购货单位	
名　　称	北京市兴业物流有限公司
纳税人识别号	310440135087366
地 址、电 话	北京市海淀区学院路14号 010-83948730
开户行及账号	中国工商银行 09004659081

密码区：
8-3<01*6/2>45+*10>0*0
<1+<68<1682>90>973618
31654895*81<507**8-2+
2><+>1->-562/5826>>-1

加密版本:01
1100103620
02353192

货物或应税劳务名称	规格型号	单位	数量	单价	金额	税率	税额
自来水		吨	1200		1698.12	6%	101.88
合　　计					¥ 1698.12		¥ 101.88

价税合计（大写）壹仟捌佰元整　（小写）¥ 1800.00

销货单位	
名　　称	北京市自来水公司
纳税人识别号	10051212481744
地 址、电 话	北京市海淀区
开户行及账号	中国工商银行 9558 8434 3412 1111 111

备注：（章：北京自来水公司 417634221043212 发票专用章）

收款人：甄妮　复核：郭东　开票人：赵龙　销货单位（章）

国税函［2010］334号北京印钞厂

第二联：发票联 购货方记账凭证

原始凭证 60－2/4

中国工商银行
转账支票存根（京）

BE 02 48443551

附加信息

出票日期 2011年 12 月 31 日

收款人：	北京市自来水公司
金　额：	¥1800.00
用　途：	支付水费

单位主管 郝雨　会计 郑航

北京印钞厂证券分厂·2009年印制

原始凭证 60－3/4

1100103620　　北京增值税专用发票　　№ 02353153

发票联

开票日期：2011 年12月31日

购货单位	名　称：北京市兴业物流有限公司 纳税人识别号：310440135087366 地址、电话：北京市海淀区学院路14号 010-83948730 开户行及账号：中国工商银行 09004659081	密码区	8-3<01*6/2>45+*10>0*0　加密版本：01 <1+<68<1682>90>973618　1100103620 31654895*81<507**8-2+ 2><+>1->-562/5826>>-1　02353192

货物或应税劳务名称	规格型号	单位	数量	单价	金额	税率	税额
天然气		立米	400		1061.95	13%	138.05
合　计					¥1061.95		¥ 138.05
价税合计（大写）	壹仟贰佰元整				（小写）	¥1200.00	

销货单位	名　称：北京市燃气总公司 纳税人识别号：4176342214221 地址、电话：北京市朝阳区甜水园街18号 开户行及账号：中国农业银行北京朝阳区支行 95599100029834563288	备注	

收款人：孙达成　　复核：何雨　　开票人：李颖　　销货单位（章）

（印章：北京市燃气总公司 4176342214221 发票专用章）

第二联：发票联 购货方记账凭证

国税函［2010］334号北京印钞厂

原始凭证 60－4/4

中国工商银行
转账支票存根 （京）
BE
02 48443552

附加信息

出票日期 2011年 12 月 31 日

收款人：	北京市燃气总公司
金　额：	￥1200.00
用　途：	支付燃气费

单位主管 郝雨 会计 郑航

北京印钞厂延春分厂·2009年印制

经济业务 61

记账凭证 审核 复核

凭证字：转
凭证号：18
附件数：0
序号：61

参考信息：
业务日期：2011年12月31日

日期：2011年12月31日 2011 年 第 12 期 已指定流量

	摘要	科目	借方（万千百十亿千百十万千百十元角分）	贷方（万千百十亿千百十万千百十元角分）
1	结转燃油费	6401.01 － 主营业务成本 － 运输部门	2000000	
2	结转燃油费	1012.01 － 其他货币资金 － 油卡		2000000
	合计：贰万元整		2000000	2000000

结算方式：
结算号：
经办：
往来业务：

审核：王威　过账：张宇　出纳：李讽　制单：李丽丽

经济业务 62

记账凭证 审核 复核

凭证字：转
凭证号：20
附件数：1
参考信息：
业务日期：2011年12月31日
日期：2011年12月31日 2011 年 第 12 期
已指定流量 序号：63

	摘要	科目	借方	贷方
1	计提营业税	6403.04 - 营业税金及附加 - 营业税	2322000	
2	计提营业税	2221.01 - 应交税费 - 营业税		2322000
	合计：贰万叁仟贰佰贰拾元整		2322000	2322000

结算方式：
结算号：
经办：
往来业务：

审核：王威 过账：张宇 出纳：李钡 制单：李丽丽

原始凭证 62－1/1

营业税计算表

2011 年 12 月 31 日

类别	应税金额	营业税率	营业税额
运输收入	444 000.00	3%	13 320.00
仓储收入	113 000.00	5%	5 650.00
其他收入	85 000.00	5%	4 250.00
合计	642 000.00		23 220.00

记账业务 63

记账凭证

审核 复核

凭证字：转
凭证号：21
附件数：1
参考信息：
业务日期：2011年12月31日
日期：2011年12月31日 2011 年 第 12 期 已指定流量 序号：64

	摘要	科目	借方	贷方
			万千百十亿千百十万千百十元角分	万千百十亿千百十万千百十元角分
1	计提印花税	6602 - 管理费用	42000	
2	计提印花税	2221.02 - 应交税费 - 印花税		42000
	合计：肆佰贰拾元整		42000	42000

结算方式：
结算号：
经办：
往来业务：

审核：王威　过账：张宇　出纳：李飒　制单：李丽丽

原始凭证 63－1/1

印花税计算表

2011 年 12 月 31 日

类别	合同金额	印花税率	印花税额
运输收入	444 000.00	0.05%	220.00
仓储收入	113 000.00	0.10%	113.00
其他收入	85 000.00	0.10%	85.00
合计	642 000.00		420.00

经济业务 64

记账凭证 审核 复核

凭证字：转
凭证号：22
附件数：0
参考信息：
业务日期：2011年12月31日　日期：2011年12月31日　2011 年 第 12 期　已指定流量　序号：65

	摘要	科目	借方	贷方
1	计提城市维护建设税及教育附加	6403.01 - 营业税金及附加 - 城建税	162540	
2	计提城市维护建设税及教育附加	6403.02 - 营业税金及附加 - 教育费附加	69660	
3	计提城市维护建设税及教育附加	2221.03 - 应交税费 - 城建税		162540
4	计提城市维护建设税及教育附加	2221.04 - 应交税费 - 教育费附加		69660
	合计：贰仟叁佰贰拾贰元整		232200	232200

结算方式：　经办：
结算号：　往来业务：

审核：张宇　过账：王威　出纳：王威　制单：王威

原始凭证 64－1/1

城建税及教育费附加计算表

2011 年 12 月 31 日

项目	城建税	教育费附加
营业税额	23 220.00	23 220.00
税率	7%	3%
金额	1 625.40	696.60

经济业务 65

记账凭证 审核 复核

凭证字：转
凭证号：31
附件数：1
参考信息：固定资产折旧
业务日期：2011年12月31日　　日期：2011年12月31日　2011 年 第 12 期　已指定流量　序号：74

	摘要	科目	借方	贷方
1	结转折旧费用	6401.01 - 主营业务成本 - 运输部门	2999997	
2		6601 - 销售费用	185316	
3		6602 - 管理费用	344429	
4		6401.02 - 主营业务成本 - 仓储部门	689221	
5	结转折旧费用	1602 - 累计折旧		4218963
	合计：肆万贰仟壹佰捌拾玖元陆角叁分		4218963	4218963

结算方式：　　经办：
结算号：　　往来业务：

审核：王威　　过账：张宇　　出纳：李飒　　制单：李丽丽

原始凭证 65 -1/1

累计折旧计算表

2011 年 12 月 31 日

类别	期初净额	本期折旧额	期末原值	期末累计折旧	期末净额
仓库	900 000.00	5 000.00	1 200 000.00	305 000.00	895 000.00
房屋建筑物	849 950.01	4 449.99	1 068 000.00	222 499.98	845 500.02
货车	1 890 000.03	31 666.64	2 200 000.00	341 666.61	1 858 333.39
码垛机	28 166.66	533.34	32 000.00	4 366.68	27 633.32
汽车	22 929.67	739.66	44 380.00	22 189.99	22 190.01
装卸工具	76 825.60	1 558.87	93 532.00	18 265.27	75 266.73
合计	3 767 871.97	43 948.50	4 637 912.00	913 988.53	3 723 923.47

经济业务 66

记账凭证

审核　复核

凭证字：转
凭证号：25
附件数：1
序号：68

参考信息：
业务日期：2011年12月31日

日期：2011年12月31日　2011 年 第 12 期

	摘要	科目	借方	贷方
1	计提所得税费用	6801 - 所得税费用	8114584	
2	计提所得税费用	2221.05 - 应交税费 - 企业所得税		8114584
	合计：捌万壹仟壹佰肆拾伍元捌角肆分		8114584	8114584

结算方式：
结算号：
经办：
往来业务：

审核：王威　过账：张宇　出纳：李飒　制单：李丽丽

原始凭证 66－1/1

所得税费用计算表

2011 年 12 月 31 日

项目	应税所得额	税率	所得税金额
金额	324 583. 37	25%	81 145. 84

经济业务 67

记账凭证 - 查看

打印 预览 首张 前张 外币 代码 流量 页面 计算器 跳转 关闭

记账凭证 （复核）

凭证字：转　凭证号：32　附件数：0　序号：75

参考信息：

业务日期：2011年12月31日　日期：2011年12月31日　2011 年 第 12 期

	摘要	科目	借方	贷方
1	结转本期损益	6001.01 - 主营业务收入 - 运输部门	44400000	
2		6001.02 - 主营业务收入 - 仓储部门	11300000	
3		6051 - 其他业务收入	8500000	
4		4103 - 本年利润		64200000
5		4103 - 本年利润	31741663	
6		6401.01 - 主营业务成本 - 运输部门		11668497
7		6401.02 - 主营业务成本 - 仓储部门		7676721
8		6403.01 - 营业税金及附加 - 城建税		162540
9		6403.02 - 营业税金及附加 - 教育费附加		69660
10		6403.04 - 营业税金及附加 - 营业税		2322000
11		6601 - 销售费用		3070316
12		6602 - 管理费用		6541929
13		6603 - 财务费用		30000
14		6701 - 资产减值损失		90000
15		6711 - 营业外支出		110000
	合计：玖拾伍万玖仟肆佰壹拾陆元陆角叁分		95941663	95941663

结算方式：　经办：

结算号：　往来业务：

审核：王威　过账：张宇　出纳：李飒　制单：李丽丽

经济业务 68

记账凭证 （审核）（复核）

凭证字：转　凭证号：27　附件数：1　序号：70

参考信息：

业务日期：2011年12月31日　日期：2011年12月31日　2011 年 第 12 期

	摘要	科目	借方	贷方
1	结转所得税	4104.03 - 利润分配 - 提取所得税	8114584	
2	结转所得税	6801 - 所得税费用		8114584
	合计：捌万壹仟壹佰肆拾伍元捌角肆分		8114584	8114584

结算方式：　经办：

结算号：　往来业务：

审核：王威　过账：张宇　出纳：李飒　制单：李丽丽

经济业务69

记账凭证　审核　复核

凭证字：转
凭证号：29
附件数：0
序号：72

参考信息：
业务日期：2011年12月31日　　日期：2011年12月31日　2011 年 第 12 期

	摘要	科目	借方	贷方
1	提取盈余公积	4104.01 - 利润分配 - 未分配利润	2434375	
2	提取盈余公积	4101 - 盈余公积		2434375
	合计：贰万肆仟叁佰肆拾叁元柒角伍分		2434375	2434375

结算方式：　　经办：
结算号：　　往来业务：

审核：王威　过账：张宇　出纳：李飒　制单：李丽丽

经济业务70

记账凭证　审核　复核

凭证字：转
凭证号：30
附件数：0
序号：73

参考信息：
业务日期：2011年12月31日　　日期：2011年12月31日　2011 年 第 12 期

	摘要	科目	借方	贷方
1	结转未分配利润	4104.01 - 利润分配 - 未分配利润	21909378	
2	结转未分配利润	4102 - 未分配利润		21909378
	合计：贰拾壹万玖仟零玖拾叁元柒角捌分		21909378	21909378

结算方式：　　经办：
结算号：　　往来业务：

审核：王威　过账：张宇　出纳：李飒　制单：李丽丽

第四章

日记账和明细账

第一节　概念论述

一、会计账簿

1. 会计账簿的概念

会计账簿是由一定格式账页组成的，以经过审核的会计凭证为依据，全面、系统、连续地记录各项经济业务的簿籍。账簿从外表形式上看，是由具有专门格式而又相互联结在一起的若干账页组成的，从记录的内容看，是对所有的经济业务，按照账户进行归类并序时地进行记录的簿籍。各单位应当按照规定和业务需要设置会计账簿。

2. 会计账簿的作用

(1)提供系统、完整的会计核算资料。

(2)有效发挥会计的监督职能。通过设置和登记账簿，不仅可以随时了解各项资产和权益的增减变动情况，便于加强对各项经济活动和财务收支进行日常监督，维护国家的财经纪律；通过账实核对，可以检查账实是否相符，从而可以有效地发挥会计的监督作用，有利于保证各项财产物资和资金的安全完整与合理使用。

(3)是编制会计报表的主要依据。为了总结一定时期的经济活动情况，必须按规定进行结账和对账工作，经核对无误后，账簿所提供的核算资料是编制会计报表的重要依据。

(4)是进行会计分析的重要依据。会计分析仅仅使用报表数字是不够的，报表数字都来自于账簿，账簿资料可以反映经济业务的具体情况，因此，通过设置和登记账簿，会计上保存会计资料以便于日后查阅使用，保存完好的账簿记录可以提供会计分析的参考资料，为会计分析和会计检查提供依据。

设置和登记账簿是编制会计报表的基础，是连接会计凭证与会计报表的中间环节，在会计核算中具有重要意义。通过账簿的设置和登记，可以记载、储存会计信息，分类、汇总会计信息，检查、校正会计信息，编报、输出会计信息。

（一）会计账簿的分类

在实际工作中，由于各个单位的经济业务和经营管理的要求不同，所设置的账簿也有所不同。账簿的种类及其格式是多种多样的，但一般可以按其用途和外表形式进行分类，如表 4－1 所示。

表 4－1　会计账簿的分类

分类标准	分类
账簿按用途分类	分为序时账簿、分类账簿和备查账簿三种
账簿按账页格式分类	分为两栏式账簿、三栏式账簿、多栏式账簿、数量金额式账簿四种
按外型特征分类	分为订本式账簿、活页式账簿和卡片式账簿三种

1. 账簿按用途分类

账簿按其用途不同，一般分为序时账簿、分类账簿和备查账簿三种。

（1）序时账簿。序时账簿又称日记账，是按照经济业务发生或完成时间的先后顺序逐日逐笔进行登记的账簿。序时账簿可以用来记录全部经济业务的完成情况，也可以用来记录某一类经济业务的完成情况。前者为普通日记账，又称分录簿，通常把每天所发生的经济业务，按照业务发生的先后顺序，编成会计分录记入账簿中；后者为特种日记账，购货日记账、销货日记账、现金日记账和银行存款日记账等，通常把某一类比较重要的、重复大量发生的经济业务，按照业务发生的先后顺序记入账簿中。在我国，大多数单位一般只设置现金日记账和银行存款日记账，以便加强对货币资金的日常监督和管理。设置日记账的作用在于及时、系统、全面地反映资金的增减变动情况，保护财产物资和资金的安全完整，以及便于对账、查账。

(2)分类账簿。分类账簿简称“分类账”，是对全部经济业务事项按照会计要素的具体类别而设置的分类账户进行登记的账簿。分类账簿按其反映指标时的详细程度分为总分类账簿和明细分类账簿。按照总分类账户分类登记经济业务事项的是总分类账簿，简称总账，是根据总账科目(一级科目)开设的账户，用来分类登记全部经济业务，提供各种资产、负债、所有者权益、收入、费用及利润等总括核算资料的分类账簿；按照明细分类账户分类登记经济业务事项的是明细分类账簿，简称明细账，是根据总账科目所属的二级或明细科目开设账户，用来分类登记某一类经济业务，提供比较详细的核算资料的分类账簿。分类账簿提供的核算信息是编制会计报表的主要依据。

(3)备查账簿。备查账簿简称“备查账”或“备查簿”，是对某些在序时账簿和分类账簿等主要账簿中都不予登记或登记不够详细的经济业务事项进行补充登记时使用的账簿。备查账簿不是根据会计凭证登记的账簿，同时，也没有固定的格式，是用文字对某些在日记账和分类账中未记录或记录不全的经济业务进行补充登记的账簿。通常依据表外科目登记，可以对某些经济业务的内容提供必要的参考资料。例如，租入固定资产登记簿、委托加工材料登记簿等。备查账簿并非每个单位都应该设置，只是根据各个单位的实际需要来设置和登记。

2. 账簿按账页格式分类

(1)两栏式账簿。两栏式账簿是指只有借方和贷方两个基本金额栏目的账簿。各种收入、费用类账户都可以采用两栏式账簿。

(2)三栏式账簿。三栏式账簿是设有借方、贷方和余额三个基本栏目的账簿。各种日记账、总分类账以及资本、债权、债务明细账都可以采用三栏式账簿。三栏式账簿又分为设对方科目和不设对方科目两种，区别是在摘要栏和借方科目栏之间是否有一栏“对方科目”。有“对方科目”栏的，称为设对方科目的三栏式账簿；不设“对方科目”栏的，称为不设对方科目的三栏式账簿。

(3)多栏式账簿。多栏式账簿是在账簿的两个基本栏目借方和贷方按需要分设若干专栏的账簿。收入、费用明细账一般均采用这种格式的账簿。

(4)数量金额式账簿。数量金额式账簿的借方、贷方和余额三个栏目内，都分设数量、单价和金额三小栏，借以反映财产物资的实物数量和价格。原材料、库存商品、产成品等明细账通常采用数量金额式账簿。

3. 按外型特征分类

账簿按其外型特征，可以分为订本式账簿、活页式账簿和卡片式账簿三种。

(1)订本账。订本账是启用之前就已将账页装订在一起，并对账页连续编号的账簿。这种账簿的优点是，可以避免账页散失，防止账页被抽换，比较安全。其缺点是，同一账簿在同一时间只能由一人登记，不便于记账人员分工记账。订本账适用于重要的具有统驭性质的账簿。总分类账、现金日记账和银行存款日记账均采用订本账形式。

(2)活页账。活页账是在账簿登记完毕之前并不固定装订在一起，而是装在活页账夹中。当账簿登记完毕之后(通常是一个会计年度结束之后)，才将账页予以装订，加具封面，并给各账页连续编号。其特点是，在使用过程中把账页平时存放在活页账夹内，随时可以取放，待年终才装订成册。活页账的优点是，可以根据实际需要增添账页，不会浪费账页，使用灵活，并且便于同时分工记账；缺点在于账页容易散失和被抽换。为防止账页散失和抽换，空白账页使用时必须连续编号，装置在账夹中或临时装订成册，并由有关人员在账页上盖章，以防舞弊。各种明细分类账均采用活页账形式。

(3)卡片账。卡片账是将账户所需格式印刷在硬卡上，通常是由若干零散的、具有专门格式的硬纸卡片组成的账簿。卡片账也是一种活页账，只不过不是装在活页账夹中，而是保存在卡片箱内。使用时，应在卡片上连续编号，加盖有关人员的印章，置放在卡片箱内，以保证其安全并可以随时取出和放入。其优缺点与活页账相同。固定资产明细账均采用卡片账形式。

(二)会计账簿的基本内容

会计账簿的内容如表 4－2 所示。

表 4－2　会计账簿的基本内容

基本内容	具体规定
封面	主要标明账簿的名称，如总分类账、现金日记账、银行存款日记账等
扉页	主要用来标明会计账簿的使用信息，如科目索引、账簿启用和经管人员一览表等
账页	是账簿用来记录经济业务事项的载体，其格式因反映经济业务内容的不同而有所不同。包括：账户的名称(一级会计科目、二级或明细科目)；登记账簿的日期栏；记账凭证的种类和号数栏；摘要栏(所记录经济业务内容的简要说明)；金额栏(记录经济业务的增减变动和余额)；总页次和分户页次栏

启用会计账簿时，应当在账簿封面上写明单位名称和账簿名称，并在账簿扉页上附启用表。在账簿扉页上应当填列“账簿启用登记表”(活页账、卡片账应在装订成册时填列)，其内容包括：启用日期、账簿页数、记账人员和会计机构负责人、会计主管人员的姓名，并加盖名章和单位公章。在年度开始启用新账簿时，为了保证年度之间账簿记录的相互衔接，应把上年度的年末余额，记入新账的第一行，并在摘要栏中注明“上年结转”或“年初余额”字样。

(三)会计账簿的记账规则

(1)登记会计账簿时，应当将会计凭证日期、编号、业务内容摘要、金额和其他有关资料逐项记入账内，做到数字准确、摘要清楚、登记及时、字迹工整。

(2)登记完毕后，要在记账凭证上签名或者盖章，并注明“√”表示已经记账。

(3)账簿中书写的文字和数字上面要留有适当的空格，不要写满格，一般应占格距的1/2。

(4)登记账簿要用蓝黑墨水或者碳素墨水书写，不得使用圆珠笔(银行的复写账簿除外)或者铅笔书写。

(5)下列情况可以用红色墨水记账。

① 按照红字冲账的记账凭证，冲销错误记录。

② 在不设借贷等栏的多栏式账页中，登记减少数。

③ 在三栏式账户的余额栏前，如未印明余额方向的，在余额栏内登记负数余额。

④ 根据国家统一的会计准则规定的可以用红字登记的其他会计记录。

(6)各种账簿应按页次顺序连续登记，不得跳行、隔页。如果发生跳行、隔页，应当将空行、空页划线注销，或者注明“此行空白”、“此页空白”字样，并由记账人员签名或者盖章。

(7)凡需要结出余额的账户，结出余额后，应当在“借或贷”等栏内写明“借”或者“贷”等字样。没有余额的账户，应在“借或贷”栏内写“平”字，并在“余额”栏用“0”表示。

(8)每一账页登记完毕结转下页时，应当结出本页合计数及余额，写在本页最后一行和下页第一行有关栏内，并在摘要栏内注明“过次页”和“承前页”字样；也可以将本页合计数及金额只写在下页第一行有关栏内，并在摘要栏内注明“承前页”字样。

对需要结计本月发生额的账户，结计“过次页”的本页合计数应当为自本月初起至本页末止的发生额合计数；对需要结计本年累计发生额的账户，结计“过次页”的本页合计数应当为自年初起至本页末止的累计数；对既不需要结计本月发生额，也不需要结计本年累计发生额的账户，可以只将每页末的余额结转次页。

第二节　日记账

一、日记账的概念

为了加强对货币资金的管理，各单位都应当设置现金日记账和银行存款日记账，用以逐日核算和监督库存现金与银行存款的收入、支出和结存情况。为了防止账页散失和随意抽换以及便于查阅，现金日记账和银行存款日记账必须采用订本式账簿，并为每一张账页顺序编号。现金日记账是用来核算和监督库存现金每天的收入、支出和结存情况的账簿，其格式有三栏式和多栏式两种。无论采用三栏式还是多栏式，现金日记账都必须使用订本账。银行存款日记账是用来核算和监督银行存款每日的收入、支出和结余情况的账簿。银行存款日记账应按企业在银行开立的账户和币种分别设置，每个银行账户设置一本日记账。

1. 三栏式日记账

三栏式日记账的账页格式一般采用“收入”、“支（付）出”和“结余”三栏式。为了清晰地反映库存现金和银行存款业务的账户对应关系，在“收入”、“支（付）出”和“结余”三栏之前应设“对方科目”栏。

2. 多栏式日记账

如果库存现金和银行存款收、付业务较多，为了简化记账手续，需要通过现金日记账和银行存款日记账汇总登记总分类账时，也可以采用“多栏式”的格式，即将收入栏和付出栏分别按照对方科目设置若干专栏，也就是将收入栏按贷方科目设专栏，付出栏按借方科目设专栏。

二、日记账的登记方法

现金日记账由出纳人员根据同库存现金收付有关的记账凭证，按时间顺序逐日逐笔进行登记，对于从银行提取库存现金的业务，由于规定只填制银行存款的付款凭证，不填制库存现金收款凭证。因此，从银行提取库存现金的收入数，应根据银行存款付款凭证登记，并根据“上日余额＋本日收入－本日支出＝本日余额”的公式，逐日结出库存现金余额，与库存现金实存数核对，以检查每日库存现金收付是否有误。如果账款不符，应及时查明原因。

借、贷方分设的多栏式现金日记账的登记方法是：先根据有关库存现金收入业务的记账凭证登记库存现金收入日记账，根据有关库存现金支出业务的记账凭证登记库存现金支出日记账，每日营业终了，根据库存现金支出日记账结计的支出合计数，转入库存现金收入日记账的“支出合计”栏中，并结出当日余额。

银行存款日记账的格式和登记方法与现金日记账相同。银行存款日记账通常也是由出纳人员根据审核后的银行存款收、付款凭证，逐日逐笔按照经济业务发生的先后顺序进行登记。对于库存现金存入银行的业务，由于只填制库存现金付款凭证，不填制银行存款收款凭证，因此，存款收入数应根据有关库存现金付款凭证登记。每日终了，应分别计算出当日银行存款收入、付出的合计数以及账面结余。本日余额的计算方法与库存现金相同。每日结出存款的账面结余，防止开空头支票，影响经营活动的正常用款，同时，还可以检查、监督各项收支情况，便于定期同银行送来的对账单逐笔核对。

三、日记账的登记

（一）库存现金日记账（科目代码 1001）

日期	业务日期	凭证字号	摘要	对方科目	借方金额	贷方金额	方向	余额
2011－12－1			期初余额		—	—	借	3 000.00
2011－12－1	2011－12－1	付－1	提取现金	1002.01 银行存款－工商银行	13 000.00	—	借	16 000.00

（续表）

日期	业务日期	凭证字号	摘要	对方科目	借方金额	贷方金额	方向	余额
2011－12－1	2011－12－1	付－2	预借差旅费	1221 其他应收款	—	4 000.00	借	12 000.00
2011－12－1			本日合计		13 000.00	4 000.00	借	12 000.00
2011－12－2	2011－12－2	付－5	支付招待费	6602 管理费用	—	2 000.00	借	10 000.00
2011－12－2			本日合计		—	2 000.00	借	10 000.00
2011－12－12	2011－12－12	收－6	报销差旅费	1221 其他应收款	1 500.00	—	借	11 500.00
2011－12－12	2011－12－12	付－10	支付罚款	6711 营业外支出	—	100.00	借	11 400.00
2011－12－12			本日合计		1 500.00	100.00	借	11 400.00
2011－12－16	2011－12－16	付－14	支付招待费	6602 管理费用	—	2 800.00	借	8 600.00
2011－12－16			本日合计		—	2 800.00	借	8 600.00
2011－12－21	2011－12－21	付－16	预付差旅费	1221 其他应收款	—	3 000.00	借	5 600.00
2011－12－21			本日合计		—	3 000.00	借	5 600.00
2011－12－29	2011－12－29	收－14	报销差旅费	6401.01 主营业务成本－运输部门	—	1 000.00	借	4 600.00
2011－12－29			本日合计		—	1 000.00	借	4 600.00
2011－12－31			本期合计		14 500.00	12 900.00	借	4 600.00
2011－12－31			本年累计		32 735.00	29 135.00	借	4 600.00
2011－12－31			结转下年		—	—	借	4 600.00

（二）银行存款日记账（科目代码 1002）

日期	业务日期	凭证字号	摘要	对方科目	借方金额	贷方金额	方向	余额
2011－12－1			期初余额		—	—	借	933 862.00

（续表）

日期	业务日期	凭证字号	摘要	对方科目	借方金额	贷方金额	方向	余额
2011－12－1	2011－12－1	付－1	提取现金	1001 库存现金	—	13 000.00	借	920 862.00
2011－12－1	2011－12－1	付－3	购买员工制服	1403 物料用品	—	5 850.00	借	915 012.00
2011－12－1			本日合计		—	18 850.00	借	915 012.00
2011－12－2	2011－12－2	收－1	收到运输收入	6001.01 主营业务收入－运输部门	14 000.00	—	借	929 012.00
2011－12－2	2011－12－2	付－4	购买油卡和过路卡	1012.01 其他货币资金－油卡	—	50 000.00	借	879 012.00
2011－12－2			本日合计		14 000.00	50 000.00	借	879 012.00
2011－12－5	2011－12－5	收－2	向银行贷款	2501 长期借款	200 000.00	—	借	1 079 012.00
2011－12－5	2011－12－5	付－6	支付员工幼儿园经费	2211.02 应付职工薪酬－职工福利	—	1 800.00	借	1 077 212.00
2011－12－5			本日合计		200 000.00	1 800.00	借	1 077 212.00
2011－12－6	2011－12－6	收－3	将货运汽车租出，收到租赁款和押金	2241 其他应付款	50 000.00	—	借	1 127 212.00
2011－12－6			本日合计		50 000.00	—	借	1 127 212.00
2011－12－7	2011－12－7	收－4	确认运输收入	6001.01 主营业务收入－运输部门	60 000.00	—	借	1 187 212.00
2011－12－7			本日合计		60 000.00	—	借	1 187 212.00
2011－12－8	2011－12－8	付－7	运输过程发生赔偿	6401.01 主营业务成本－运输部门	—	3 000.00	借	1 184 212.00

（续表）

日期	业务日期	凭证字号	摘要	对方科目	借方金额	贷方金额	方向	余额
2011-12-8			本日合计		—	3 000.00	借	1 184 212.00
2011-12-9	2011-12-9	收-5	报废码垛机	1601 固定资产	1 000.00	—	借	1 185 212.00
2011-12-9	2011-12-9	付-8	支付北京自创的设备款	2202.05 应付账款-北京自创包装	—	12 000.00	借	1 173 212.00
2011-12-9			本日合计		1 000.00	12 000.00	借	1 173 212.00
2011-12-12	2011-12-12	付-9	支付推广费	6601 销售费用	—	3 000.00	借	1 170 212.00
2011-12-12	2011-12-12	付-11	支付租赁费	6401.02 主营业务成本-仓储部门	—	8 000.00	借	1 162 212.00
2011-12-12			本日合计		—	11 000.00	借	1 162 212.00
2011-12-14	2011-12-14	收-7	收到河阳股份的合同款	1122 应收账款	50 000.00	—	借	1 212 212.00
2011-12-14			本日合计		50 000.00	—	借	1 212 212.00
2011-12-15	2011-12-15	付-12	支付货运汽车款	2202.03 应付账款-北京长安汽车	—	400 000.00	借	812 212.00
2011-12-15	2011-12-15	付-13	购买文件柜	1403 物料用品	—	1 600.00	借	810 612.00
2011-12-15			本日合计		—	401 600.00	借	810 612.00
2011-12-16	2011-12-16	收-8	确认运输收入	6001.01 主营业务收入-运输部门	90 000.00	—	借	900 612.00
2011-12-16	2011-12-16	收-9	确认仓储收入	6001.02 主营业务收入-仓储部门	50 000.00	—	借	950 612.00

（续表）

日期	业务日期	凭证字号	摘要	对方科目	借方金额	贷方金额	方向	余额
2011-12-16			本日合计		140 000.00	—	借	950 612.00
2011-12-19	2011-12-19	收-10	收取租赁费和押金	2241 其他应付款	270 000.00	—	借	1 220 612.00
2011-12-19	2011-12-19	付-15	支付维修费	6401.01 主营业务成本-运输部门	—	2 000.00	借	1 218 612.00
2011-12-19			本日合计		270 000.00	2 000.00	借	1 218 612.00
2011-12-21	2011-12-21	付-17	偿还借款和利息	2001 短期借款	—	20 300.00	借	1 198 312.00
2011-12-21			本日合计		—	20 300.00	借	1 198 312.00
2011-12-22	2011-12-22	收-11	收取租赁费和押金	2241 其他应付款	550 000.00	—	借	1 748 312.00
2011-12-22			本日合计		550 000.00	—	借	1 748 312.00
2011-12-23	2011-12-23	付-18	购买办公用品	1403 物料用品	—	800.00	借	1 747 512.00
2011-12-23			本日合计		—	800.00	借	1 747 512.00
2011-12-26	2011-12-26	收-12	收到运输合同款	1122 应收账款	70 000.00	—	借	1 817 512.00
2011-12-26	2011-12-26	付-19	预订报纸	6602 管理费用	—	730.00	借	1 816 782.00
2011-12-26	2011-12-26	付-20	返还押金	2241 其他应付款	—	500 000.00	借	1 316 782.00
2011-12-26			本日合计		70 000.00	500 730.00	借	1 316 782.00
2011-12-27	2011-12-27	付-21	缴纳养路费	6401.01 主营业务成本-运输部门	—	13 400.00	借	1 303 382.00
2011-12-27	2011-12-27	付-22	支付洗车费过桥费	6401.01 主营业务成本-运输部门	—	6 500.00	借	1 296 882.00

（续表）

日期	业务日期	凭证字号	摘要	对方科目	借方金额	贷方金额	方向	余额
2011－12－27	2011－12－27	付－23	支付修理费	6401.01 主营业务成本－运输部门	—	7 850.00	借	1 289 032.00
2011－12－27			本日合计		—	27 750.00	借	1 289 032.00
2011－12－28	2011－12－28	付－24	支付零星修补费	6401.01 主营业务成本－运输部门	—	3 400.00	借	1 285 632.00
2011－12－28	2011－12－28	付－25	返还押金	2241 其他应付款	—	250 000.00	借	1 035 632.00
2011－12－28			本日合计		—	253 400.00	借	1 035 632.00
2011－12－29	2011－12－29	收－13	收到运输合同款	1122 应收账款	50 000.00	—	借	1 085 632.00
2011－12－29	2011－12－29	收－15	确认仓储收入	6001.02 主营业务收入－仓储部门	20 000.00	—	借	1 105 632.00
2011－12－29			本日合计		70 000.00	—	借	1 105 632.00
2011－12－31	2011－12－31	付－26	支付赔偿款	6401.01 主营业务成本－运输部门	—	4 000.00	借	1 101 632.00
2011－12－31	2011－12－31	付－27	支付房屋维修费及租赁费	6602 管理费用	—	3 875.00	借	1 097 757.00
2011－12－31	2011－12－31	付－28	支付水电费	2202.01 应付账款－北京自来水公司	—	3 000.00	借	1 094 757.00
2011－12－31			本日合计		—	10 875.00	借	1 094 757.00
2011－12－31			本期合计		1 475 000.00	1 314 105.00	借	1 094 757.00
2011－12－31			本年累计		6 658 238.00	6 047 205.00	借	1 094 757.00
2011－12－31			结转下年		—	—	借	1 094 757.00

（三）其他货币资金日记账（科目代码 1012）

日期	业务日期	凭证字号	摘要	借方金额	贷方金额	方向	余额
2011－12－1			期初余额	—	—	借	10 000.00
2011－12－2	2011－12－2	付－4	购买油卡和过路卡	30 000.00	—	借	40 000.00
2011－12－2	2011－12－2	付－4	购买油卡和过路卡	20 000.00	—	借	60 000.00
2011－12－31	2011－12－31	转－13	结转本月过路费	—	11 000.00	借	49 000.00
2011－12－31	2011－12－31	转－18	结转燃油费	—	20 000.00	借	29 000.00
2011－12－31			本期合计	50 000.00	31 000.00	借	29 000.00
2011－12－31			本年累计	117 910.00	96 710.00	借	29 000.00
2011－12－31			结转下年	—	—	借	29 000.00

第三节 明细分类账

一、明细分类账概念

明细分类账是根据二级账户或明细账户开设账页，分类、连续地登记经济业务以提供明细核算资料的账簿。它所提供的有关经济活动的详细核算资料，是对总分类账所提供的总括核算资料的必要补充，同时也是编制会计报表的依据之一。因此，各个单位在设置总分类账的基础上，还应根据实际需要，按照总账科目设置必要的明细分类账。明细分类账一般采用活页式账簿，有的也采用卡片式账簿，如固定资产明细账。根据管理要求和各种明细分类账所反映的经济内容，明细分类账的格式主要有三栏式、多栏式、数量金额式和横线登记式（或称平行式）等多种。

明细分类账的具体分类如下。

1. 三栏式明细分类账

三栏式明细分类账是设有借方、贷方和余额三个栏目，用以分类核算各项经济业务，提供详细核算资料的账簿，其格式与三栏式总账格式相同，适用于那些只需要进行金额核算，不需要进行数量核算的债权、债务科目，如“应收账款”、“应付账款”等科目的明细分类核算。

2. 多栏式明细分类账

多栏式明细分类账是将属于同一个总账科目的各个明细科目合并在一张账页上进行登记，适用于成本费用类科目的明细核算，如“生产成本”、“管理费用”、“营业外收入”、“利润分配”等科目的明细分类核算。

3. 数量金额式明细分类账

数量金额式明细分类账其借方（收入）、贷方（发出）和余额（结存）都分别设有数量、单价和金额三个专栏，适用于既要进行金额核算又要进行数量核算的账户，如“原材料”、“产成品”等科目的明细分类核算。

4. 横线登记式明细分类账

横线登记式明细分类账是采用横线登记，即将每一相关的业务登记在一行，从而可依据每一行各个栏目的登记是否齐全来判断该项业务的进展情况。该明细分类账适用于登记材料采购业务、应收票据和一次性备用金业务。

不同类型经济业务的明细分类账可根据管理需要，依据记账凭证、原始凭证或汇总原始凭证逐日逐笔或定期汇总登记。固定资产、债权、债务等明细账应逐日逐笔登记；库存商品、原材料、产成品收发明细账以及收入、费用明细账可以逐笔登记，也可以定期汇总登记。

二、明细分类账

（一）应收票据明细账（科目代码 1121）

日期	业务日期	凭证字号	摘要	借方金额	贷方金额	方向	余额
2011－12－1			期初余额	—	—	借	110 000.00
2011－12－6	2011－12－6	转－2	确认仓储收入	30 000.00	—	借	140 000.00
2011－12－20	2011－12－20	转－8	确认仓储收入	13 000.00	—	借	153 000.00
2011－12－31			本期合计	43 000.00	—	借	153 000.00
2011－12－31			本年累计	123 550.00	17 000.00	借	153 000.00
2011－12－31			结转下年	—	—	借	153 000.00

（二）应收账款明细账（科目代码 1122）

日期	业务日期	凭证字号	摘要	借方金额	贷方金额	方向	余额
2011－12－1			期初余额	—	—	借	100 824.00
2011－12－13	2011－12－13	转－6	确认运输合同	50 000.00	—	借	150 824.00

（续表）

日期	业务日期	凭证字号	摘要	借方金额	贷方金额	方向	余额
2011－12－14	2011－12－14	收－7	收到河阳股份的合同款	—	50 000.00	借	100 824.00
2011－12－16	2011－12－16	转－7	确认运输收入	60 000.00	—	借	160 824.00
2011－12－20	2011－12－20	转－9	确认运输收入	70 000.00	—	借	230 824.00
2011－12－22	2011－12－22	转－10	确认运输收入	50 000.00	—	借	280 824.00
2011－12－23	2011－12－30	转－11	确定运输收入	50 000.00	—	借	330 824.00
2011－12－26	2011－12－26	收－12	收到运输合同款	—	70 000.00	借	260 824.00
2011－12－29	2011－12－29	收－13	收到运输合同款	—	50 000.00	借	210 824.00
2011－12－31			本期合计	280 000.00	170 000.00	借	210 824.00
2011－12－31			本年累计	396 247.00	242 244.00	借	210 824.00
2011－12－31			结转下年	—	—	借	210 824.00

（三）预付账款明细账（科目代码 1123）

日期	业务日期	凭证字号	摘要	借方金额	贷方金额	方向	余额
2011－12－1			期初余额	—	—	借	35 900.00
2011－12－31			本期合计	—	—	借	35 900.00
2011－12－31			本年累计	23 760.00	14 560.00	借	35 900.00

（四）其他应收款明细账（科目代码 1221）

日期	业务日期	凭证字号	摘要	借方金额	贷方金额	方向	余额
2011－12－1			期初余额	—	—	借	3 500.00
2011－12－1	2011－12－1	付－2	预借差旅费	4 000.00	—	借	7 500.00
2011－12－12	2011－12－12	收－6	报销差旅费	—	4 000.00	借	3 500.00
2011－12－21	2011－12－21	付－16	预付差旅费	3 000.00	—	借	6 500.00
2011－12－29	2011－12－29	收－14	报销差旅费	—	3 000.00	借	3 500.00
2011－12－31			本期合计	7 000.00	7 000.00	借	3 500.00
2011－12－31			本年累计	11 600.00	10 400.00	借	3 500.00
2011－12－31			结转下年	—	—	借	3 500.00

（五）坏账准备明细账（科目代码 1231）

日期	业务日期	凭证字号	摘要	借方金额	贷方金额	方向	余额
2011-12-1			期初余额	—	—	贷	521.62
2011-12-31	2011-12-31	转-17	计提坏账准备	—	900.00	贷	1 421.62
2011-12-31			本期合计	—	900.00	贷	1 421.62
2011-12-31			本年累计	—	1 126.01	贷	1 421.62
2011-12-31			结转下年	—	—	贷	1 421.62

（六）物料用品明细账（科目代码 1403）

日期	业务日期	凭证字号	摘要	借方金额	贷方金额	方向	余额
2011-12-1			期初余额	—	—	平	—
2011-12-1	2011-12-1	付-3	购买员工制服	5 850.00	—	借	5 850.00
2011-12-9	2011-12-9	转-5	运输部门领用包装用纸	—	585.00	借	5 265.00
2011-12-15	2011-12-15	付-13	购买文件柜	1 600.00	—	借	6 865.00
2011-12-23	2011-12-23	付-18	购买办公用品	800.00	—	借	7 665.00
2011-12-26	2011-12-26	转-12	分配办公用品	—	800.00	借	6 865.00
2011-12-31			本期合计	8 250.00	1 385.00	借	6 865.00
2011-12-31			本年累计	8 250.00	1 385.00	借	6 865.00
2011-12-31			结转下年	—	—	借	6 865.00

（七）固定资产明细账（科目代码 1601）

日期	业务日期	凭证字号	摘要	借方金额	贷方金额	方向	余额
2011-12-1			期初余额	—	—	借	4 222 380.00
2011-12-5	2011-12-5	转-1	购买货运汽车，款项未付	400 000.00	—	借	4 622 380.00
2011-12-7	2011-12-7	转-3	购买叉车，款项未付	10 000.00	—	借	4 632 380.00
2011-12-9	2011-12-9	转-4	购买码垛机	12 000.00	—	借	4 644 380.00
2011-12-9	2011-12-9	收-5	报废码垛机	—	10 000.00	借	4 634 380.00

（续表）

日期	业务日期	凭证字号	摘要	借方金额	贷方金额	方向	余额
2011－12－31			本期合计	422 000.00	10 000.00	借	4 634 380.00
2011－12－31			本年累计	595 824.00	10 000.00	借	4 634 380.00
2011－12－31			结转下年	—	—	借	4 634 380.00

（八）累计折旧明细账（科目代码 1602）

日期	业务日期	凭证字号	摘要	借方金额	贷方金额	方向	余额
2011－12－1			期初余额	—	—	贷	92 127.89
2011－12－9	2011－12－9	收－5	报废码垛机	8 000.00	—	贷	84 127.89
2011－12－31	2011－12－31	转－31	结转折旧费用	—	42 189.63	贷	126 317.52
2011－12－31			本期合计	8 000.00	42 189.63	贷	126 317.52
2011－12－31			本年累计	8 000.00	62 002.94	贷	126 317.52
2011－12－31			结转下年	—	—	贷	126 317.52

（九）固定资产减值准备明细账（科目代码 1603）

日期	业务日期	凭证字号	摘要	借方金额	贷方金额	方向	余额
2011－12－1			期初余额	—	—	贷	922.11
2011－12－31			本期合计	—	—	贷	922.11
2011－12－31			本年累计	—	696.69	贷	922.11

（十）长期待摊费用明细账（科目代码 1801）

日期	业务日期	凭证字号	摘要	借方金额	贷方金额	方向	余额
2011－12－1			期初余额	—	—	借	31 788.00
2011－12－31			本期合计	—	—	借	31 788.00
2011－12－31			本年累计	21 788.00	—	借	31 788.00

（十一）短期借款明细账（科目代码 2001）

日期	业务日期	凭证字号	摘要	借方金额	贷方金额	方向	余额
2011－12－1			期初余额	—	—	贷	40 000.00
2011－12－21	2011－12－21	付－17	偿还借款和利息	20 000.00	—	贷	20 000.00
2011－12－31			本期合计	20 000.00	—	贷	20 000.00
2011－12－31			本年累计	20 000.00	30 000.00	贷	20 000.00
2011－12－31			结转下年	—	—	贷	20 000.00

（十二）应付票据明细账（科目代码 2201）

日期	业务日期	凭证字号	摘要	借方金额	贷方金额	方向	余额
2011－12－1			期初余额	—	—	贷	50 000.00
2011－12－31			本期合计	—	—	贷	50 000.00
2011－12－31			本年累计	405 600.00	440 600.00	贷	50 000.00

（十三）应付账款明细账（科目代码 2202）

日期	业务日期	凭证字号	摘要	借方金额	贷方金额	方向	余额
2011－12－1			期初余额	—	—	贷	56 580.00
2011－12－5	2011－12－5	转－1	购买货运汽车，款项未付	—	400 000.00	贷	456 580.00
2011－12－7	2011－12－7	转－3	购买叉车，款项未付	—	10 000.00	贷	466 580.00
2011－12－9	2011－12－9	转－4	购买码垛机	—	12 000.00	贷	478 580.00
2011－12－9	2011－12－9	付－8	支付北京自创的设备款	12 000.00	—	贷	466 580.00
2011－12－15	2011－12－15	付－12	支付货运汽车款	400 000.00	—	贷	66 580.00
2011－12－31	2011－12－31	转－16	结转本月水电费	—	1 800.00	贷	68 380.00
2011－12－31	2011－12－31	转－16	结转本月水电费	—	1 200.00	贷	69 580.00
2011－12－31	2011－12－31	付－28	支付水电费	1 800.00	—	贷	67 780.00
2011－12－31	2011－12－31	付－28	支付水电费	1 200.00	—	贷	66 580.00
2011－12－31			本期合计	415 000.00	425 000.00	贷	66 580.00
2011－12－31			本年累计	727 088.00	774 738.00	贷	66 580.00
2011－12－31			结转下年	—	—	贷	66 580.00

（十四）预付账款明细账（科目代码 1123）

日期	业务日期	凭证字号	摘要	借方金额	贷方金额	方向	余额
2011－12－1			期初余额	—	—	借	35 900.00
2011－12－31			本期合计	—	—	借	35 900.00
2011－12－31			本年累计	23 760.00	14 560.00	借	35 900.00

（十五）应付职工薪酬明细账（科目代码 2211）

日期	业务日期	凭证字号	摘要	借方金额	贷方金额	方向	余额
2011－12－1			期初余额	—	—	平	—
2011－12－5	2011－12－5	付－6	支付员工幼儿园经费	1 800.00	—	借	1 800.00
2011－12－31	2011－12－31	转－14	结转工资及职工福利费	—	123 000.00	贷	121 200.00
2011－12－31	2011－12－31	转－14	结转工资及职工福利费	—	17 220.00	贷	138 420.00
2011－12－31	2011－12－31	转－15	计提工会经费及教育费附加	—	2 460.00	贷	140 880.00
2011－12－31	2011－12－31	转－15	计提工会经费及教育费附加	—	1 845.00	贷	142 725.00
2011－12－31			本期合计	1 800.00	144 525.00	贷	142 725.00
2011－12－31			本年累计	1 800.00	144 525.00	贷	142 725.00
2011－12－31			结转下年	—	—	贷	142 725.00

（十六）应交税费明细账（科目代码 2221）

日期	业务日期	凭证字号	摘要	借方金额	贷方金额	方向	余额
2011－12－1			期初余额	—	—	贷	31 330.44
2011－12－31	2011－12－31	转－20	计提营业税	—	23 220.00	贷	54 550.44
2011－12－31	2011－12－31	转－21	计提印花税	—	420.00	贷	54 970.44
2011－12－31	2011－12－31	转－22	计提城市维护建设税及教育附加	—	1 625.40	贷	56 595.84
2011－12－31	2011－12－31	转－22	计提城市维护建设税及教育附加	—	696.60	贷	57 292.44
2011－12－31	2011－12－31	转－25	计提所得税费用	—	81 145.84	贷	138 438.28
2011－12－31			本期合计	—	107 107.84	贷	138 438.28
2011－12－31			本年累计	2 402 609.00	1 902 180.24	贷	138 438.28
2011－12－31			结转下年	—	—	贷	138 438.28

（十七）其他应付款明细账（科目代码 2241）

日期	业务日期	凭证字号	摘要	借方金额	贷方金额	方向	余额
2011－12－1			期初余额	—	—	贷	21 650.00
2011－12－6	2011－12－6	收－3	将货运汽车租出，收到租赁款和押金	—	35 000.00	贷	56 650.00
2011－12－19	2011－12－19	收－10	收取租赁费和押金	—	250 000.00	贷	306 650.00
2011－12－22	2011－12－22	收－11	收取租赁费和押金	—	500 000.00	贷	806 650.00
2011－12－26	2011－12－26	付－20	返还押金	500 000.00	—	贷	306 650.00
2011－12－28	2011－12－28	付－25	返还押金	250 000.00	—	贷	56 650.00
2011－12－31			本期合计	750 000.00	785 000.00	贷	56 650.00
2011－12－31			本年累计	750 000.00	797 940.00	贷	56 650.00

（十九）长期借款明细账（科目代码 2501）

日期	业务日期	凭证字号	摘要	借方金额	贷方金额	方向	余额
2011－12－31			结转下年	—	—	贷	56 650.00
2011－12－1			期初余额	—	—	贷	250 000.00
2011－12－5	2011－12－5	收－2	向银行贷款	—	200 000.00	贷	450 000.00
2011－12－31			本期合计	—	200 000.00	贷	450 000.00
2011－12－31			本年累计	—	200 000.00	贷	450 000.00
2011－12－31			结转下年	—	—	贷	450 000.00

（二十）实收资本明细账（科目代码 4001）

日期	业务日期	凭证字号	摘要	借方金额	贷方金额	方向	余额
2011－12－1			期初余额	—	—	贷	2 977 291.22
2011－12－31			本期合计	—	—	贷	2 977 291.22
2011－12－31			本年累计	—	—	贷	2 977 291.22

（二十一）资本公积明细账（科目代码 4002）

日期	业务日期	凭证字号	摘要	借方金额	贷方金额	方向	余额
2011－12－1			期初余额	—	—	贷	17 816.43
2011－12－31			本期合计	—	—	贷	17 816.43
2011－12－31			本年累计	—	—	贷	17 816.43

（二十二）盈余公积明细账（科目代码 4101）

日期	业务日期	凭证字号	摘要	借方金额	贷方金额	方向	余额
2011－12－1			期初余额	—	—	贷	50 110.12
2011－12－31	2011－12－31	转－29	提取盈余公积	—	24 343.75	贷	74 453.87
2011－12－31			本期合计	—	24 343.75	贷	74 453.87
2011－12－31			本年累计	—	24 343.75	贷	74 453.87
2011－12－31			结转下年	—	—	贷	74 453.87

（二十三）未分配利润明细账（科目代码 4102）

日期	业务日期	凭证字号	摘要	借方金额	贷方金额	方向	余额
2011－12－1			期初余额	—	—	贷	1 846 911.17
2011－12－31	2011－12－31	转－30	结转未分配利润	—	219 093.78	贷	2 066 004.95
2011－12－31			本期合计	—	219 093.78	贷	2 066 004.95
2011－12－31			本年累计	—	885 978.58	贷	2 066 004.95
2011－12－31			结转下年	—	—	贷	2 066 004.95

（二十四）利润分配明细账（科目代码 4104）

日期	业务日期	凭证字号	摘要	借方金额	贷方金额	方向	余额
2011－12－1			期初余额	—	—	平	—
2011－12－31	2011－12－31	转－26	结转本年利润	—	324 583.37	贷	324 583.37
2011－12－31	2011－12－31	转－27	结转所得税	81 145.84	—	贷	243 437.53
2011－12－31	2011－12－31	转－29	提取盈余公积	24 343.75	—	贷	219 093.78
2011－12－31	2011－12－31	转－30	结转未分配利润	219 093.78	—	平	—
2011－12－31			本期合计	405 729.21	405 729.21	平	—

（续表）

日期	业务日期	凭证字号	摘要	借方金额	贷方金额	方向	余额
2011-12-31			本年累计	405 729.21	405 729.21	平	—
2011-12-31			结转下年	—	—	平	—

（二十五）主营业务收入明细账（科目代码 6001）

日期	业务日期	凭证字号	摘要	借方金额	贷方金额	方向	余额
2011-12-1			期初余额	—	—	平	—
2011-12-2	2011-12-2	收-1	收到运输收入	—	14 000.00	贷	14 000.00
2011-12-6	2011-12-6	转-2	确认仓储收入	—	30 000.00	贷	44 000.00
2011-12-7	2011-12-7	收-4	确认运输收入	—	60 000.00	贷	104 000.00
2011-12-13	2011-12-13	转-6	确认运输合同	—	50 000.00	贷	154 000.00
2011-12-16	2011-12-16	转-7	确认运输收入	—	60 000.00	贷	214 000.00
2011-12-16	2011-12-16	收-8	确认运输收入	—	90 000.00	贷	304 000.00
2011-12-16	2011-12-16	收-9	确认仓储收入	—	50 000.00	贷	354 000.00
2011-12-20	2011-12-20	转-8	确认仓储收入	—	13 000.00	贷	367 000.00
2011-12-20	2011-12-20	转-9	确认运输收入	—	70 000.00	贷	437 000.00
2011-12-22	2011-12-22	转-10	确认运输收入	—	50 000.00	贷	487 000.00
2011-12-23	2011-12-30	转-11	确定运输收入	—	50 000.00	贷	537 000.00
2011-12-29	2011-12-29	收-15	确认仓储收入	—	20 000.00	贷	557 000.00
2011-12-31	2011-12-31	转-32	结转本期损益	444 000.00	—	贷	113 000.00
2011-12-31	2011-12-31	转-32	结转本期损益	113 000.00	—	平	—
2011-12-31			本期合计	557 000.00	557 000.00	平	—
2011-12-31			本年累计	9 127 269.55	9 127 269.55	平	—
2011-12-31			结转下年	—	—	平	—

（二十六）其他业务收入明细账（科目代码 6051）

日期	业务日期	凭证字号	摘要	借方金额	贷方金额	方向	余额
2011-12-1			期初余额	—	—	平	—
2011-12-6	2011-12-6	收-3	将货运汽车租出，收到租赁款和押金	—	15 000.00	贷	15 000.00

（续表）

日期	业务日期	凭证字号	摘要	借方金额	贷方金额	方向	余额
2011－12－19	2011－12－19	收－10	收取租赁费和押金	—	20 000.00	贷	35 000.00
2011－12－22	2011－12－22	收－11	收取租赁费和押金	—	50 000.00	贷	85 000.00
2011－12－31	2011－12－31	转－32	结转本期损益	85 000.00	—	平	—
2011－12－31			本期合计	85 000.00	85 000.00	平	—
2011－12－31			本年累计	98 200.00	98 200.00	平	—
2011－12－31			结转下年	—	—	平	—

（二十七）营业外收入明细账（科目代码6301）

日期	业务日期	凭证字号	摘要	借方金额	贷方金额	方向	余额
2011－12－1			期初余额	—	—	平	—
2011－12－31			本期合计	—	—	平	—
2011－12－31			本年累计	10 786.00	10 786.00	平	—

（二十八）主营业务成本明细账（科目代码6401）

日期	业务日期	凭证字号	摘要	借方金额	贷方金额	方向	余额
2011－12－1			期初余额	—	—	平	—
2011－12－8	2011－12－8	付－7	运输过程发生赔偿	3 000.00	—	借	3 000.00
2011－12－9	2011－12－9	转－5	运输部门领用包装用纸	585.00	—	借	3 585.00
2011－12－12	2011－12－12	付－11	支付租赁费	8 000.00	—	借	11 585.00
2011－12－19	2011－12－19	付－15	支付维修费	2 000.00	—	借	13 585.00
2011－12－26	2011－12－26	转－12	分配办公用品	200.00	—	借	13 785.00
2011－12－27	2011－12－27	付－21	缴纳养路费	13 400.00	—	借	27 185.00
2011－12－27	2011－12－27	付－22	支付洗车费过桥费	6 500.00	—	借	33 685.00
2011－12－27	2011－12－27	付－23	支付修理费	7 850.00	—	借	41 535.00
2011－12－28	2011－12－28	付－24	支付零星修补费	3 000.00	—	借	44 535.00
2011－12－29	2011－12－29	收－14	报销差旅费	4 000.00	—	借	48 535.00

（续表）

日期	业务日期	凭证字号	摘要	借方金额	贷方金额	方向	余额
2011－12－31	2011－12－31	转－13	结转本月过路费	10 000.00	—	借	58 535.00
2011－12－31	2011－12－31	转－14	结转工资及职工福利费	10 260.00	—	借	68 795.00
2011－12－31	2011－12－31	转－14	结转工资及职工福利费	61 560.00	—	借	130 355.00
2011－12－31	2011－12－31	转－15	计提工会经费及教育费附加	1 890.00	—	借	132 245.00
2011－12－31	2011－12－31	转－15	计提工会经费及教育费附加	315.00	—	借	132 560.00
2011－12－31	2011－12－31	转－18	结转燃油费	20 000.00	—	借	152 560.00
2011－12－31	2011－12－31	转－31	结转折旧费用	29 999.97	—	借	182 559.97
2011－12－31	2011－12－31	转－31	结转折旧费用	6 892.21	—	借	189 452.18
2011－12－31	2011－12－31	转－32	结转本期损益	—	116 684.97	借	72 767.21
2011－12－31	2011－12－31	转－32	结转本期损益	—	76 767.21	贷	4 000.00
2011－12－31	2011－12－31	付－26	支付赔偿款	4 000.00	—	平	—
2011－12－31			本期合计	193 452.18	193 452.18	平	—
2011－12－31			本年累计	6 923 004.30	6 923 004.30	平	—
2011－12－31			结转下年	—	—	平	—

（二十九）其他业务成本明细账（科目代码6402）

日期	业务日期	凭证字号	摘要	借方金额	贷方金额	方向	余额
2011－12－1			期初余额	—	—	平	—
2011－12－31			本期合计	—	—	平	—
2011－12－31			本年累计	3 576.00	3 576.00	平	—

（三十）营业税金及附加明细账（科目代码6403）

日期	业务日期	凭证字号	摘要	借方金额	贷方金额	方向	余额
2011－12－1			期初余额	—	—	平	—
2011－12－31	2011－12－31	转－20	计提营业税	23 220.00	—	借	23 220.00
2011－12－31	2011－12－31	转－22	计提城市维护建设税及教育附加	1 625.40	—	借	24 845.40
2011－12－31	2011－12－31	转－22	计提城市维护建设税及教育附加	696.60	—	借	25 542.00

（续表）

日期	业务日期	凭证字号	摘要	借方金额	贷方金额	方向	余额
2011－12－31	2011－12－31	转－32	结转本期损益	—	1 625.40	借	23 916.60
2011－12－31	2011－12－31	转－32	结转本期损益	—	696.60	借	23 220.00
2011－12－31	2011－12－31	转－32	结转本期损益	—	23 220.00	平	—
2011－12－31			本期合计	25 542.00	25 542.00	平	—
2011－12－31			本年累计	116 522.00	116 522.00	平	—
2011－12－31			结转下年	—	—	平	—

（三十一）销售费用明细账（科目代码 6601）

日期	业务日期	凭证字号	摘要	借方金额	贷方金额	方向	余额
2011－12－1			期初余额	—	—	平	—
2011－12－12	2011－12－12	付－9	支付推广费	3 000.00	—	借	3 000.00
2011－12－26	2011－12－26	转－12	分配办公用品	300.00	—	借	3 300.00
2011－12－28	2011－12－28	付－24	支付零星修补费	200.00	—	借	3 500.00
2011－12－31	2011－12－31	转－13	结转本月过路费	550.00	—	借	4 050.00
2011－12－31	2011－12－31	转－14	结转工资及职工福利费	22 800.00	—	借	26 850.00
2011－12－31	2011－12－31	转－15	计提工会经费及教育费附加	700.00	—	借	27 550.00
2011－12－31	2011－12－31	转－16	结转本月水电费	1 300.00	—	借	28 850.00
2011－12－31	2011－12－31	转－31	结转折旧费用	1 853.16	—	借	30 703.16
2011－12－31	2011－12－31	转－32	结转本期损益	—	30 703.16	平	—
2011－12－31			本期合计	30 703.16	30 703.16	平	—
2011－12－31			本年累计	294 043.16	294 043.16	平	—
2011－12－31			结转下年	—	—	平	—

（三十二）管理费用明细账（科目代码 6602）

日期	业务日期	凭证字号	摘要	借方金额	贷方金额	方向	余额
2011－12－1			期初余额	—	—	平	—
2011－12－2	2011－12－2	付－5	支付电话费	2 000.00	—	借	2 000.00
2011－12－12	2011－12－12	收－6	报销差旅费	2 500.00	—	借	4 500.00

（续表）

日期	业务日期	凭证字号	摘要	借方金额	贷方金额	方向	余额
2011－12－16	2011－12－16	付－14	支付招待费	2 800.00	—	借	7 300.00
2011－12－26	2011－12－26	转－12	分配办公用品	300.00	—	借	7 600.00
2011－12－26	2011－12－26	付－19	预订报纸	730.00	—	借	8 330.00
2011－12－28	2011－12－28	付－24	支付零星修补费	200.00	—	借	8 530.00
2011－12－31	2011－12－31	转－13	结转本月过路费	450.00	—	借	8 980.00
2011－12－31	2011－12－31	转－14	结转工资及职工福利费	45 600.00	—	借	54 580.00
2011－12－31	2011－12－31	转－15	计提工会经费及教育费附加	1 400.00	—	借	55 980.00
2011－12－31	2011－12－31	转－16	结转本月水电费	1 700.00	—	借	57 680.00
2011－12－31	2011－12－31	转－21	计提印花税	420.00	—	借	58 100.00
2011－12－31	2011－12－31	转－31	结转折旧费用	3 444.29	—	借	61 544.29
2011－12－31	2011－12－31	转－32	结转本期损益	—	65 419.29	贷	3 875.00
2011－12－31	2011－12－31	付－27	支付房屋维修费及租赁费	3 875.00	—	平	—
2011－12－31			本期合计	65 419.29	65 419.29	平	—
2011－12－31			本年累计	338 342.49	338 342.49	平	—
2011－12－31			结转下年	—	—	平	—

（三十三）财务费用明细账（科目代码 6603）

日期	业务日期	凭证字号	摘要	借方金额	贷方金额	方向	余额
2011－12－1			期初余额	—	—	平	—
2011－12－21	2011－12－21	付－17	偿还借款和利息	300.00	—	借	300.00
2011－12－31	2011－12－31	转－32	结转本期损益	—	300.00	平	—
2011－12－31			本期合计	300.00	300.00	平	—
2011－12－31			本年累计	6 429.57	6 429.61	平	—
2011－12－31			结转下年	—	—	平	—

（三十四）资产减值损失明细账（科目代码 6701）

日期	业务日期	凭证字号	摘要	借方金额	贷方金额	方向	余额
2011－12－1			期初余额	—	—	平	—

（续表）

日期	业务日期	凭证字号	摘要	借方金额	贷方金额	方向	余额
2011 - 12 - 31	2011 - 12 - 31	转 - 17	计提坏账准备	900.00	—	借	900.00
2011 - 12 - 31	2011 - 12 - 31	转 - 32	结转本期损益	—	900.00	平	—
2011 - 12 - 31			本期合计	900.00	900.00	平	—
2011 - 12 - 31			本年累计	1 961.32	1 961.32	平	—
2011 - 12 - 31			结转下年	—	—	平	—

（三十五）营业外支出明细账（科目代码 6711）

日期	业务日期	凭证字号	摘要	借方金额	贷方金额	方向	余额
2011 - 12 - 1			期初余额	—	—	平	—
2011 - 12 - 9	2011 - 12 - 9	收 - 5	报废码垛机	1 000.00	—	借	1 000.00
2011 - 12 - 12	2011 - 12 - 12	付 - 10	支付罚款	100.00	—	借	1 100.00
2011 - 12 - 31	2011 - 12 - 31	转 - 32	结转本期损益	—	1 100.00	平	—
2011 - 12 - 31			本期合计	1 100.00	1 100.00	平	—
2011 - 12 - 31			本年累计	16 730.29	16 730.29	平	—
2011 - 12 - 31			结转下年	—	—	平	—

第五章

总　账

第一节　总分类账概述

一、总分类账概念

总分类账是按照总分类账户分类登记以提供总括会计信息的账簿。为了总括、全面地反映经济活动情况，并为编制会计报表提供资料，所有单位都要设置总分类账。总分类账必须采用订本式账簿。总分类账一般按照会计科目的编码顺序为各个账户预留账页。总分类账的账页格式有三栏式和多栏式两种。大多数总分类账一般采用借方、贷方、余额三栏式的订本账。根据实际需要，在总分类账中的借贷两栏内，也可增设对方科目栏。多栏式总分类账是把所有的总账科目合设在一张账页上，这种格式的总分类账，兼有序时账和分类账的作用，实际上多是序时账与分类账相结合的联合账簿，即日记总账。

三栏式总分类账的一般格式如表 5－1 所示。

表 5－1　三栏式总分类账

会计科目：

××年		凭证		摘要	借方	贷方	余额
月	日	种类	号数				

在上述总分类账中的借、贷两栏内，也可根据实际需要增设对方科目栏。多栏式总分类账即日记总账的格式如表 5－2 所示。

表 5－2　多栏式总分类账

<table>
<tr><th colspan="2">×年</th><th colspan="2">凭证</th><th rowspan="2">摘要</th><th rowspan="2">发生额</th><th colspan="2">____科目</th><th colspan="2">____科目</th><th colspan="2">____科目</th><th colspan="2">____科目</th><th rowspan="2">……</th><th colspan="2">____科目</th></tr>
<tr><th>月</th><th>日</th><th>种类</th><th>号数</th><th>借方</th><th>贷方</th><th>借方</th><th>贷方</th><th>借方</th><th>贷方</th><th>借方</th><th>贷方</th><th>借方</th><th>贷方</th></tr>
<tr><td></td><td></td><td></td><td></td><td></td><td></td><td></td><td></td><td></td><td></td><td></td><td></td><td></td><td></td><td></td><td></td><td></td></tr>
<tr><td></td><td></td><td></td><td></td><td></td><td></td><td></td><td></td><td></td><td></td><td></td><td></td><td></td><td></td><td></td><td></td><td></td></tr>
<tr><td></td><td></td><td></td><td></td><td></td><td></td><td></td><td></td><td></td><td></td><td></td><td></td><td></td><td></td><td></td><td></td><td></td></tr>
</table>

二、总分类账的登记方法

总分类账登记的依据和方法，主要取决于所采用的账务处理程序。它可以直接根据记账凭证逐笔登记，也可以通过一定的汇总方式，先把各种记账凭证汇总编制成科目汇总表或汇总记账凭证，再据以登记。月终，在全部经济业务登记入账后，结出各账户的本期发生额和期末余额。

第二节　登记总分类账

总分类账的登记如表 5－3 所示。

表 5－3　总分类账登记

科目名称	期间	凭证字号	摘要	本位币借方	本位币贷方	方向	本位币余额
库存现金	12		期初余额	—	—	借	3 000.00
	12	付 1～16 收 6～14	本期合计	14 500.00	12 900.00	借	4 600.00
	12		本年累计	32 735.00	29 135.00	借	4 600.00
银行存款	12		期初余额	—	—	借	933 862.00
	12	付 1～28 收 1～15	本期合计	1 475 000.00	1 314 105.00	借	1 094 757.00
	12		本年累计	6 658 238.00	6 047 205.00	借	1 094 757.00
其他货币资金	12		期初余额	—	—	借	10 000.00

（续表）

科目名称	期间	凭证字号	摘要	本位币借方	本位币贷方	方向	本位币余额
	12	付4 转 13～18	本期合计	50 000.00	31 000.00	借	29 000.00
	12		本年累计	117 910.00	96 710.00	借	29 000.00
应收票据	12		期初余额	—	—	借	110 000.00
	12	转2～8	本期合计	43 000.00	—	借	153 000.00
	12		本年累计	123 550.00	17 000.00	借	153 000.00
应收账款	12		期初余额	—	—	借	100 824.00
	12	收7～13 转6～11	本期合计	280 000.00	170 000.00	借	210 824.00
	12		本年累计	396 247.00	242 244.00	借	210 824.00
预付账款	12		期初余额	—	—	借	35 900.00
	12		本期合计	—	—	借	35 900.00
	12		本年累计	23 760.00	14 560.00	借	35 900.00
其他应收款	12		期初余额	—	—	借	3 500.00
	12	付2～16 收6～14	本期合计	7 000.00	7 000.00	借	3 500.00
	12		本年累计	11 600.00	10 400.00	借	3 500.00
坏账准备	12		期初余额	—	—	贷	521.62
	12	转17	本期合计	—	900.00	贷	1 421.62
	12		本年累计	—	1 126.01	贷	1 421.62
物料用品	12		期初余额	—	—	平	—
	12	付3～18 转5～12	本期合计	8 250.00	1 385.00	借	6 865.00
	12		本年累计	8 250.00	1 385.00	借	6 865.00
包装物及低值易耗品	12		期初余额	—	—	借	8 007.00
	12		本期合计	—	—	借	8 007.00
	12		本年累计	21 407.00	17 900.00	借	8 007.00
固定资产	12		期初余额	—	—	借	4 222 380.00
	12	收5 转1～4	本期合计	422 000.00	10 000.00	借	4 634 380.00

（续表）

科目名称	期间	凭证字号	摘要	本位币借方	本位币贷方	方向	本位币余额
	12		本年累计	595 824.00	10 000.00	借	4 634 380.00
累计折旧	12		期初余额	—	—	贷	92 127.89
	12	收5 转31	本期合计	8 000.00	42 189.63	贷	126 317.52
	12		本年累计	8 000.00	62 002.94	贷	126 317.52
固定资产减值准备	12		期初余额	—	—	贷	922.11
	12		本期合计	—	—	贷	922.11
	12		本年累计	—	696.69	贷	922.11
长期待摊费用	12		期初余额	—	—	借	31 788.00
	12		本期合计	—	—	借	31 788.00
	12		本年累计	21 788.00	—	借	31 788.00
短期借款	12		期初余额	—	—	贷	40 000.00
	12	付17	本期合计	20 000.00	—	贷	20 000.00
	12		本年累计	20 000.00	30 000.00	贷	20 000.00
应付票据	12		期初余额	—	—	贷	50 000.00
	12		本期合计	—	—	贷	50 000.00
	12		本年累计	405 600.00	440 600.00	贷	50 000.00
应付账款	12		期初余额	—	—	贷	56 580.00
	12	付8~28 转1~16	本期合计	415 000.00	425 000.00	贷	66 580.00
	12		本年累计	727 088.00	774 738.00	贷	66 580.00
应付职工薪酬	12		期初余额	—	—	平	—
	12	付6 转14~15	本期合计	1 800.00	144 525.00	贷	142 725.00
	12		本年累计	1 800.00	144 525.00	贷	142 725.00
应交税费	12		期初余额	—	—	贷	31 330.44
	12	转20~25	本期合计	—	107 107.84	贷	138 438.28
	12		本年累计	2 402 609.00	1 902 180.24	贷	138 438.28
其他应付款	12		期初余额	—	—	贷	21 650.00

（续表）

科目名称	期间	凭证字号	摘要	本位币借方	本位币贷方	方向	本位币余额
	12	付20～25 收3～11	本期合计	750 000.00	785 000.00	贷	56 650.00
	12		本年累计	750 000.00	797 940.00	贷	56 650.00
长期借款	12		期初余额	—	—	贷	250 000.00
	12	收2	本期合计	—	200 000.00	贷	450 000.00
	12		本年累计	—	200 000.00	贷	450 000.00
实收资本	12		期初余额	—	—	贷	2 977 291.22
	12		本期合计	—	—	贷	2 977 291.22
	12		本年累计	—	—	贷	2 977 291.22
资本公积	12		期初余额	—	—	贷	17 816.43
	12		本期合计	—	—	贷	17 816.43
	12		本年累计	—	—	贷	17 816.43
盈余公积	12		期初余额	—	—	贷	50 110.12
	12	转29	本期合计	—	24 343.75	贷	74 453.87
	12		本年累计	—	24 343.75	贷	74 453.87
未分配利润	12		期初余额	—	—	贷	1 846 911.17
	12	转30	本期合计	—	219 093.78	贷	2 066 004.95
	12		本年累计	—	885 978.58	贷	2 066 004.95
本年利润	12		期初余额	—	—	平	—
	12	转26～32	本期合计	642 000.00	642 000.00	平	—
	12		本年累计	8 025 192.50	8 025 192.50	平	—
利润分配	12		期初余额	—	—	平	—
	12	转26～30	本期合计	405 729.21	405 729.21	平	—
	12		本年累计	405 729.21	405 729.21	平	—
主营业务收入	12		期初余额	—	—	平	—
	12	收1～15 转2～32	本期合计	557 000.00	557 000.00	平	—
	12		本年累计	9 127 269.55	9 127 269.55	平	—
其他业务收入	12		期初余额	—	—	平	—
	12	收3～11 转32	本期合计	85 000.00	85 000.00	平	—
	12		本年累计	98 200.00	98 200.00	平	—

（续表）

科目名称	期间	凭证字号	摘要	本位币借方	本位币贷方	方向	本位币余额
营业外收入	12		期初余额	—	—	平	—
	12		本期合计	—	—	平	—
	12		本年累计	10 786.00	10 786.00	平	—
主营业务成本	12		期初余额	—	—	平	—
	12	付7～26 收14 转5～32	本期合计	193 452.18	193 452.18	平	—
	12		本年累计	6 923 004.30	6 923 004.30	平	—
其他业务成本	12		期初余额	—	—	平	—
	12		本期合计	—	—	平	—
	12		本年累计	3 576.00	3 576.00	平	—
营业税金及附加	12		期初余额	—	—	平	—
	12	转20～32	本期合计	25 542.00	25 542.00	平	—
	12		本年累计	116 522.00	116 522.00	平	—
销售费用	12		期初余额	—	—	平	—
	12	付9～24 转12～32	本期合计	30 703.16	30 703.16	平	—
	12		本年累计	294 043.16	294 043.16	平	—
管理费用	12		期初余额	—	—	平	—
	12	付5～27 收6 转12～32	本期合计	65 419.29	65 419.29	平	—
	12		本年累计	338 342.49	338 342.49	平	—
财务费用	12		期初余额	—	—	平	—
	12	付17 转32	本期合计	300.00	300.00	平	—
	12		本年累计	6 429.57	6 429.57	平	—
资产减值损失	12		期初余额	—	—	平	—
	12	转17～32	本期合计	900.00	900.00	平	—
	12		本年累计	1 961.32	1 961.32	平	—

（续表）

科目名称	期间	凭证字号	摘要	本位币借方	本位币贷方	方向	本位币余额
营业外支出	12		期初余额	—	—	平	—
	12	付10 收5 转32	本期合计	1 100.00	1 100.00	平	—
	12		本年累计	16 730.29	16 730.29	平	—
所得税费用	12		期初余额	—	—	平	—
	12	转25～27	本期合计	81 145.84	81 145.84	平	—
	12		本年累计	81 145.84	81 145.84	平	—

第六章

期末报表

第一节　财务报表概述

一、财务报表概念

财务报表是对企业财务状况、经营成果和现金流量的结构性表述。

企业编制财务报表的目标，是向财务报表使用者提供与企业财务状况、经营成果和现金流量等有关的会计信息，反映企业管理层受托责任的履行情况，有助于财务报表使用者作出经济决策。财务报表使用者通常包括投资者、债权人、政府及其有关部门和社会公众等。

根据《企业会计准则第 30 号——财务报表列报》的规定，一套完整的财务报表至少应当包括资产负债表、利润表、现金流量表、所有者权益（或股东权益）变动表以及附注。

资产负债表、利润表和现金流量表分别从不同的角度反映企业的财务状况、经营成果和现金流量情况。资产负债表是反映企业在某一特定日期财务状况的报表。利润表是反映企业在一定会计期间经营成果的报表。现金流量表是反映企业在一定会计期间现金和现金等价物流入和流出情况的报表。

所有者权益变动表是反映组成所有者权益的各组成部分当期增减变动情况的报表。

附注是财务报表不可或缺的组成部分，是对在资产负债表、利润表、现金流量表和所有者权益变动表等报表中列示的文字描述或明细资料，以及对未能在这些报表中列示项目的说明等。

二、财务报表的分类

财务报表的分类如表6－1所示。

表6－1　财务报表分类

财务报表的分类标准	具体分类	说明
按财务报表编报期间的不同	中期财务报表	以短于一个完整会计年度的报告期间为基础编制的财务报表，包括月报、季报和半年报等。中期财务报表至少应当包括资产负债表、利润表、现金流量表和附注。三表的格式和内容应当与年度财务报表相一致，但与年度财务报表相比，中期财务报表中的附注披露可适当简略
	年度财务报表	简称年报，是企业的年度决算报表。主要包括资产负债表、利润表、现金流量表、所有者权益变动表以及附注
按财务报表反映财务活动方式的不同	静态财务报表	静态财务报表是指反映企业特定时点上有关资产、负债和所有者权益情况的财务报表，一般应根据各个账户的“期末余额”填列，如资产负债表
	动态财务报表	动态财务报表是指反映企业一定时期内资金耗费和收回情况以及经营成果等情况的财务报表，一般应根据有关账户的“发生额”填列，如利润表、现金流量表和所有者权益变动表
按财务报表的报送对象不同	对外财务报表	我国企业会计制度规定，企业对外报送的财务报表包括资产负债表、利润表、现金流量表、所有者权益变动表、分部报表和报表附注。有统一的格式和指标体系
	对内财务报表	对内财务报表，又称为管理报表，是为了适应企业内部经营管理的需要自行设计。编制的报表没有统一规定的格式和指标体系
按财务报表编制范围的不同	个别财务报表	个别财务报表是独立核算的企业用来反映其自身财务状况、经营活动和现金流量情况的财务报表
	合并财务报表	合并财务报表是指由母公司编制的，以母公司和子公司组成的企业集团为会计主体，反映整个企业集团财务状况、经营活动和现金流量情况的财务报表

第二节　资产负债表

一、资产负债表概念

资产负债表是指反映企业在某一特定日期财务状况的报表。它是根据“资产＝负债＋所有者权益”这一会计等式，按照一定的分类标准和顺序，把企业在特定日期的资产、负债、所有者权益等项目予以适当编排，并对日常工作中形成的大量数据进行高度浓缩整理后编制而成的。资产负债表集中反映了企业在该特定日期所拥有或控制的经济资源、所承担的经济义务和所有者对净资产的要求权。资产负债表是企业的主要财务报表之一，每个独立核算的企业都必须按期编制资产负债表。

二、资产负债表的作用

资产负债表的作用如表6－2所示。

表6－2　资产负债表的作用

项目	内容
资产负债表的作用	映企业拥有或控制的经济资源及其分布情况
	反映企业的权益结构
	反映企业的流动性和财务实力
	提供进行财务分析的基本资料

资产负债表的作用，主要体现在以下几个方面。

1. 反映企业拥有或控制的经济资源及其分布情况

资产负债表把企业所拥有或控制的资产按经济性质、用途分成流动资产、长期投资、固定资产、无形资产及其他资产等类别。在各类别下又分成若干明细项目。这样，报表的使用者就可以一目了然地从报表上了解到企业在某一特定日期所拥有或控制的资产总量及其结构。

2. 反映企业的权益结构

所谓权益结构是指在企业的权益总额中负债和所有者权益（业主权益）的相对比例。企业资金的提供者无外乎债权人和所有者，相应地，企业的权益也由他们享有。资产负债表把企业的权益分成负债和所有者权益两大类。同时，又把各种不同性质的负债分为流动负债和非流动负债；把所有者权益分为股本(或实收资本)、资本公积、盈余公积和未分配利润。这样，报表的使用者就可以清楚地从资产负债表上了解到企业在某一特定日期的资金来源及其构成。

3. 反映企业的流动性和财务实力

所谓流动性，又称变现能力，是指资产转换成现金或负债到期清偿所需的时间。资产转换成现金或负债到期清偿所需的时间越短，表明企业的流动性越强。由于资产负债表上的资产项目是按其流动性排列的，通过研究资产项目的构成及其比例，企业资产的流动性就可以得到充分的反映。

所谓财务实力，是指企业运用其财务资源以适应环境变化的能力。企业的财务实力取决于企业的资产结构和其权益结构(或称资本结构)。保持合理的资产和资本结构，既可使企业以较低的成本获得资金，也可增强企业的财务弹性。资产负债表所显示的资产、负债及所有者权益，有助于评估企业的财务实力。

4. 提供进行财务分析的基本资料

通过对资产负债表上有关的项目进行分析，我们可以解释、评价和预测企业的短期偿债能力、长期偿债能力、财务弹性和企业的绩效，帮助管理部门做出合理的经营决策。如通过资产负债表我们可以计算出流动比率、速动比率等，了解企业的短期偿债能力，并进而作出正确的投资和融资决策。

三、资产负债表的结构与格式

资产负债表的结构，包括表首标题、报表主体和附注三部分。表首标题列示资产负债表的名称、编制单位、编制日期、货币单位等；报表主体包括资产、负债和所有者权益各项目的期初和期末数，是资产负债表的主要部分，反映企业在一定日期的资产、负债和所有者权益的状况；附注则用于进一步说明报表的主要项目和编制基础。

资产负债表中的项目分为资产、负债和所有者权益三类，分别结出总额。根据《企业会计准则第30号——财务报表列报》的规定：资产和负债应当分别流动资产和非流动资产、流动负债和非流动负债列示。资产满足下列条件之一的，应当归类为流动资产：预计在一个正常营业周期中变现、出售或耗用；主要为交易目的而持有；预计在资产负债表日起一年内(含一年，下同)变现；

自资产负债表日起一年内，交换其他资产或清偿负债的能力不受限制的现金或现金等价物。流动资产以外的资产应当归类为非流动资产，并应按其性质分类列示。负债满足下列条件之一的，应当归类为流动负债：预计在一个正常营业周期中清偿；主要为交易目的而持有；自资产负债表日起一年内到期应予以清偿；企业无权自主地将清偿推迟至资产负债表日后一年以上。流动负债以外的负债应当归类为非流动负债，并应按其性质分类列示。对于在资产负债表日起一年内到期的负债，企业预计能够自主地将清偿义务展期至资产负债表日后一年以上的，应当归类为非流动负债；不能自主地将清偿义务展期的，即使在资产负债表日后、财务报告批准报出日前签订了重新安排清偿计划协议，该项负债仍应归类为流动负债。企业在资产负债表日或之前违反了长期借款协议，导致贷款人可随时要求清偿的负债，应当归类为流动负债。贷款人在资产负债表日或之前同意提供在资产负债表日后一年以上的宽限期，企业能够在此期限内改正违约行为，且贷款人不能要求随时清偿，该项负债应当归类为非流动负债。

资产负债表中的资产类至少应当单独列示反映下列信息的项目：货币资金、应收及预付款项、交易性金融资产、存货、持有至到期投资、长期股权投资、投资性房地产、固定资产、生物资产、递延所得税资产和无形资产。资产负债表中的资产类至少应当包括流动资产和非流动资产的合计项目。资产负债表中的负债类至少应当单独列示反映下列信息的项目：短期借款、应付及预收款项、应交税费、应付职工薪酬、预计负债、长期借款、长期应付款、应付债券、递延所得税负债。资产负债表中的负债类至少应当包括流动负债和非流动负债的合计项目。资产负债表中的所有者权益类至少应当单独列示反映下列信息的项目：实收资本(或股本)、资本公积、盈余公积、未分配利润。资产负债表应当列示资产总计项目、负债和所有者权益总计项目。资产负债表中资产类项目金额总计与负债类和所有者权益类项目金额总计必须相等。各项资产与负债的金额一般不应相互抵销。

另外，资产负债表除了列示各项资产、负债和所有者权益项目的期末余额外，通常还列示这些项目的年初余额，通过对年初数、期末数的比较，可以看出各资产、负债及所有者权益项目的净变动及其结果。这种格式的资产负债表通常称为比较资产负债表。除非存在资产负债表日后事项的影响，通常情况下，资产负债表各项目的 12 月末余额就是当年的年末余额，因而，年度资产负债表往往和当年 12 月份的资产负债表相同。

资产负债表一般有两种格式：报告式和账户式。账户式的资产负债表一般是在报表左方列示资产类项目，右方列示负债类和所有者权益类项目，从而使资产负债表左右两方平衡。我国企业一般采用账户式的资产负债表，其格式如表6－3所示。

表6－3 资产负债表会企01表

编制单位： 年 月 日 单位：元

资产	期末余额	年初余额	负债和所有者权益	期末余额	年初余额
流动资产：			流动负债：		
货币资金			短期借款		
交易性金融资产			应付票据		
应收票据			应付账款		
应收账款			预收账款		
预付账款			应付职工薪酬		
应收利息			应交税费		
其他应收款			应付利息		
存货			应付股利		
一年内到期的非流动资产			其他应付款		
其他流动资产			一年内到期的非流动负债		
流动资产合计			其他流动负债		
非流动资产：			流动负债合计		
可供出售金融资产			非流动负债：		
持有至到期投资			长期借款		
长期应收款			应付债券		
长期股权投资			长期应付款		
投资性房地产			专项应付款		
固定资产			预计负债		
在建工程			递延所得税负债		
工程物资			其他非流动负债		
固定资产清理			非流动负债合计		

（续表）

资产	期末余额	年初余额	负债和所有者权益	期末余额	年初余额
生产性生物资产			负债合计		
油气资产			所有者权益		
无形资产			实收资本（或股本）		
开发支出			资本公积		
商誉			减：库存股		
长期待摊费用			盈余公积		
递延所得税资产			未分配利润		
其他非流动资产			所有者权益（或股东权益）合计		
非流动资产合计					
资产总计			负债和所有者权益（或股东权益）总计		

四、资产负债表的填列方法

我国企业资产负债表中各项目的数据，主要通过以下几种方式取得。

1. 根据总账账户余额直接填列

资产负债表中的大部分项目，都可以根据相应的总账账户余额直接填列。如“交易性金融资产”、“短期借款”、“应付票据”、“应付职工薪酬”等项目，根据“交易性金融资产”、“短期借款”、“应付票据”、“应付职工薪酬”等总账账户的余额直接填列。

2. 根据总账账户余额计算填列

资产负债表中有些项目需要根据若干个总账账户的期末余额计算填列，如“货币资金”项目，需要根据“库存现金”、“银行存款”和“其他货币资金”三个总账账户的期末余额合计数填列。“存货”项目，需要根据“原材料”、“委托加工物资”、“周转材料”、“材料采购”、“在途物资”、“发出商品”、“材料成本差异”等总账科目期末余额的分析汇总数，再减去“存货跌价准备”科目余额后的净额填列。

3. 根据明细账户余额计算填列

资产负债表中某些项目不能根据总账账户的期末余额，或若干个总账账户的期末余额简单计算填列，而是需要根据有关账户所属的相关明细账户的期末余额计算填列，如“应付账款”项目，应根据“应付账款”、“预付账款”账户所属相关明细账户的期末贷方余额计算填列；“应收账款”项目，应根据“应收账款”、“预收账款”账户所属相关明细账户的期末借方余额计算填列。

4. 根据总账账户和明细账户余额分析计算填列

资产负债表中的某些项目需要根据总账账户和明细账户的余额分析计算填列，如“长期借款”项目，需要根据“长期借款”总账账户余额扣除“长期借款”账户下属的明细账户中反映的将于一年内到期的长期借款部分计算填列。长期待摊费用中将于一年（含一年）内摊销完毕的部分，应当在流动资产下“一年内到期的非流动资产”项目中反映。

5. 根据账户余额减去其备抵项目后的净额填列

资产负债表中有些项目，需要根据该账户的有关期末余额，减去其所计提的各种减值准备后的净额填列。如“固定资产”项目，应当根据“固定资产”账户的期末余额减去“累计折旧”、“固定资产减值准备”备抵账户余额后的净额填列；“无形资产”项目，应当根据“无形资产”账户的期末余额，减去“累计摊销”、“无形资产减值准备”备抵账户余额后的净额填列。

五、填制资产负债表

资产负债表的编制如表 6－4 所示。

表 6－4 资产负债表

单位名称：兴业物流有限公司　　2011－12－31　　单位：元

资产	期末余额	期初余额	负债和所有者权益	期末余额	期初余额
流动资产：			流动负债：		
货币资金	1 128 357.00	946 862.00	短期借款	20 000.00	40 000.00
应收票据	153 000.00	110 000.00	应付票据	50 000.00	50 000.00
应收账款	210 824.00	100 824.00	应付账款	66 580.00	56 580.00
预付账款	35 900.00	35 900.00	预收账款	24 000.00	24 000.00
其他应收款	3 500.00	3 500.00	应付职工薪酬	142 725.00	
坏账准备	1 421.62	521.62	应交税费	138 438.28	31 330.44
物料用品	14 872.00	8 007.00	应付利息		
其他流动资产			其他应付款	56 650.00	21 650.00
流动资产合计	1 545 031.38	1 204 571.38	其他流动负债		

（续表）

资产	期末余额	期初余额	负债和所有者权益	期末余额	期初余额
非流动资产：			流动负债合计	498 393.28	223 560.44
固定资产	4 634 380.00	4 222 380.00	非流动负债：		
累计折旧	126 317.52	92 127.89	长期借款	450 000.00	250 000.00
固定资产减值准备	922.11	922.11	其他非流动负债		
固定资产净值	4 507 140.37	4 129 330.00	非流动负债合计	450 000.00	250 000.00
长期待摊费用	31 788.00	31 788.00	负债合计	948 393.28	473 560.44
其他非流动资产			所有者权益：		
非流动资产合计	4 538 928.37	4 161 118.00	实收资本	2 977 291.22	2 977 291.22
			资本公积	17 816.43	17 816.43
			盈余公积	74 453.87	50 110.12
			未分配利润	2 066 004.95	1 846 911.17
			所有者权益合计	5 135 566.47	4 892 128.94
资产合计	6 083 959.75	5 365 689.38	负债和所有者权益合计	6 083 959.75	5 365 689.38

制表人：　　　　　　　　　负责人：　　　　财务负责人：

第三节　利润表

一、利润表的概念

利润表是反映企业在一定会计期间的经营成果的会计报表。

利润表属于动态会计报表，主要依据会计的收入实现原则和配比原则编制，即把一定时期的营业收入与同一会计期间相关的销售费用（成本）进行配比，以计算出企业一定时期的净利润或净亏损。

二、利润表的作用

利润表的作用如表6－5所示。

表 6－5 利润表的作用

项目	内容
利润表的作用	有助于分析企业的经营成果和获利能力
	有助于考核企业管理人员的经营业绩
	有助于预测企业未来利润和现金流量
	有助于企业管理人员的未来决策

利润表的作用主要体现在以下几个方面。

1. 有助于分析企业的经营成果和获利能力

经营成果通常是一个绝对数指标，是一定期间的营业收益扣抵相关的销售费用(成本)后的余额，体现了企业财富增长的规模。获利能力是一个相对数指标，是企业运用一定的经济资源获取经营成果的能力。利润表直接揭示了企业一定会计期间经营成果的形成，而获利能力的信息则需根据利润表和其他会计报表资料计算取得。

根据利润表提供的经营成果数据，报表阅读者通过比较同一企业在不同时期，或同一行业中不同企业在相同时期的有关指标，就可以分析企业今后的利润发展趋势，评价和预测企业的获利能力，并据此作出相关决策。

2. 有助于考核企业管理人员的经营业绩

在现代企业中，由于所有权与经营权是分离的，如何考核管理人员对受托资源经营管理的绩效是一个重大的问题。而利润表所提供的盈利方面的信息是一项综合性的信息，是企业在生产、经营、理财、投资等各项活动中管理效率和效益的直接表现，是生产经营过程中投入与产出对比的结果，基本上能够反映企业管理当局的经营业绩和管理效率。通过对各管理部门有关人员的业绩作出评价，可以使企业针对变化了的客观情况作出调整，适应未来竞争的需要。

3. 有助于预测企业未来利润和现金流量

会计报表使用者非常关注企业各种预期的现金来源、金额、时间和不确定性，包括股利或利息的支付、到期负债的清偿等。这些预期的现金流量和企业的获利能力密切相关，因为没有利润，就无法分配股利，也会失去债务清偿能力。而有关过去经营活动的收益水平，在预测企业未来盈利和现金流量方面的作用是非常重要的。利润表提供了对于过去经营活动收益水平的客观记录和历史反映，有助于会计报表的使用者更好地判断企业未来的利润状况和现金流量。

4. 有助于企业管理人员的未来决策

企业管理当局通过比较和分析利润表中的各种构成要素，可以把握各项收入、成本、费用与利润之间的此消彼长关系，发现工作中存在的问题，揭露缺点，找出差距，采取措施，改善经营管理。

三、利润表的内容及填制方式

根据《企业会计准则第 30 号——财务报表列报》的规定：在利润表中，费用应当按照功能分类，分为从事经营业务发生的成本、管理费用、销售费用和财务费用等。利润表至少应当单独列示反映下列信息的项目：营业收入、营业成本、营业税金及附加、管理费用、销售费用、财务费用、投资收益、公允价值变动损益、资产减值损失、非流动资产处置损益、所得税费用和净利润。

利润表主要反映以下几个方面的内容。

1. 构成营业利润的各项要素

营业利润从营业收入出发，减去为取得营业收入而发生的相关费用(包括有关的流转税)后得到。

2. 构成利润总额(或亏损总额)的各项要素

利润总额(或亏损总额)在营业利润的基础上，加上营业外收入减去营业外支出后得到。

3. 构成净利润(或净亏损)的各项要素

净利润(或净亏损)在利润总额(或亏损总额)的基础上，减去本期计入损益的所得税费用后得到。

利润表常见的格式有两种：单步式利润表和多步式利润表。我国采用的是多步式利润表。

多步式利润表中的当期净利润，是通过多步计算确定的，通常分为以下几步：

第一步，反映营业利润，从营业收入出发，减去营业成本、营业税金及附加、销售费用、管理费用、财务费用、资产减值损失，加上公允价值变动收益(减公允价值变动损失)和投资收益(减投资损失)，计算得出营业利润；

第二步，反映利润总额，在营业利润的基础上加上营业外收入，减去营业外支出，计算得出本期实现利润的利润总额，即税前的会计利润；

第三步，反映净利润，从税前会计利润中减去所得税费用，计算得出本期的净利润(或净亏损)。

第四步，反映每股收益，分为基本每股收益和稀释的每股收益。

利润表反映企业在一定期间内利润(或亏损)的实际情况，报告企业的经营成果。利润表中的“本期金额”栏反映各项目的本期实际发生数，在编报中期财务会计报告时，填列上年同期累计实际发生数，在编报年度财务会计报告时，填列上年全年累计实际发生数，并将“本期金额”栏改成“上期金额”栏。如果上年度利润表的项目名称和内容与本年度利润表不一致，应对上年度报表项目的名称和数字按本年度的规定进行调整，并按调整后的数字填入报表的“上期金额”栏。

四、填列利润表

利润表的填列如表6-6所示

表6-6 利润表

单位名称：兴业物流有限公司　　2011-12　　单位：元

项目	本期金额	上期金额
一、营业收入	642 000.00	
减：营业成本	193 452.18	
营业税金及附加	25 542.00	
销售费用	30 703.16	
管理费用	65 419.29	
财务费用	300.00	
资产减值损失	900.00	
二、营业利润(亏损以“-”号填列)	325 683.37	
加：营业外收入	0	
减：营业外支出	1 100.00	
其中：非流动资产处置损失		
三、利润总额(亏损总额以“-”号填列)	324 583.37	
减：所得税费用	81 145.84	
四、净利润(净亏损以“-”号填列)	243 437.53	

第四节　现金流量表

一、现金流量表相关概念

现金流量表是反映企业在一定会计期间现金和现金等价物流入和流出的报表。

通过现金流量表，可以为报表使用者提供企业一定会计期间内现金和现金等价物流入和流出的信息，便于使用者了解和评价企业获取现金和现金等价物的能力，据以预测企业未来现金流量。

现金流量是指一定会计期间内企业现金和现金等价物的流入和流出。企业从银行提取现金、用现金购买短期到期的国债等现金和现金等价物之间的转换不漏于现金流量。

现金是指企业库存现金以及可以随时用于支付的存款，包括库存现金、银行存款和其他货币资金（如外埠存款、银行汇票存款、银行本票存款等）等。不能随时用于支付的存款不属于现金。

现金等价物是指企业持有的期限短、流动性强、易于转换为已知金额现金、价值变动风险很小的投资。期限短，一般是指从购买日起三个月内到期。现金等价物通常包括三个月内到期的债券投资等。权益性投资变现的金额通常不确定，因而不属于现金等价物。企业应当根据具体情况确定现金等价物的范围，一经确定不得随意变更。

二、现金流量分类

企业产生的现金流量分为三类。

1. 经营活动产生的现金流量

经营活动是指企业投资活动和筹资活动以外的所有交易和事项。经营活动主要包括销售商品、提供劳务、购买商品、接受劳务、支付工资和交纳税款等流入和流出现金和现金等价物的活动或事项。

2. 投资活动产生的现金流量

投资活动是指企业长期资产的购建和不包括在现金等价物范围内的投资及其处置活动。投资活动主要包括购建固定资产、处置子公司及其他营业单位等流入和流出现金和现金等价物的活动或事项。

3. 筹资活动产生的现金流量

筹资活动是指导致企业资本及债务规模和构成发生变化的活动。筹资活动主要包括吸收投资、发行股票、分配利润、发行债券、偿还债务等流入和流出现金和现金等价物的活动或事项。偿付应付账款、应付票据等商业应付款属于经营活动，不属于筹资活动。

我国企业现金流量表采用报告式结构，分类反映经营活动产生的现金流量、投资活动产生的现金流量和筹资活动产生的现金流量，最后汇总反映企业某一期间现金及现金等价物的净增加额。

三、现金流量表的填列方法

企业应当采用直接法列示经营活动产生的现金流量。直接法是指通过现金收入和现金支出的主要类别列示经营活动的现金流量。采用直接法编制经营活动的现金流量时，一般以利润表中的营业收入为起点，调整与经营活动有关的项目的增减变动，然后计算出经营活动的现金流量。采用直接法具体编制现金流量表时，可以采用工作底稿法或 T 型账户法，也可以根据有关科目记录分析填列。

1. 经营活动产生的现金流量

(1)“销售商品、提供劳务收到的现金”项目，反映企业本年销售商品、提供劳务收到的现金，以及前期销售商品、提供劳务本期收到的现金(包括应向购买者收取的增值税销项税额)和本期预收的款项，减去本年销售本期退回商品和前期销售本期退回商品支付的现金。企业销售材料和代购代销业务收到的现金，也在本项目反映。

(2)“收到的税费返还”项目，反映企业收到返还的所得税、增值税、营业税、消费税、关税和教育费附加等各种税费返还款。

(3)“收到其他与经营活动有关的现金”项目，反映企业经营租赁收到的租金等其他与经营活动有关的现金流入，金额较大的应当单独列示。

(4)“购买商品、接受劳务支付的现金”项目，反映企业本期购买商品、接受劳务实际支付的现金(包括增值税进项税额)，以及本期支付前期购买商品、接受劳务的未付款项和本期预付款项，减去本期发生的购货退回收到的现金。企业购买材料和代购代销业务支付的现金，也在本项目反映。

(5)“支付给职工以及为职工支付的现金”项目，反映企业实际支付给职工的工资、奖金、各种津贴和补贴等职工薪酬(包括代扣代缴的职工个人所得税)。

(6)“支付的各项税费”项目，反映企业发生并支付、前期发生本期支付以及预交的各项税费，包括所得税、增值税、营业税、消费税、印花税、房产税、土地增值税、车船税、教育费附加等。

(7)“支付其他与经营活动有关的现金”项目，反映企业经营租赁支付的租金、支付的差旅费、业务招待费、保险费、罚款支出等其他与经营活动有关的现金流出，金额较大的应当单独列示。

2. 投资活动产生的现金流量

(1)“收回投资收到的现金”项目，反映企业出售、转让或到期收回除现金等价物以外的对其他企业长期股权投资等收到的现金，但处置子公司及其他营业单位收到的现金净额除外。

(2)“取得投资收益收到的现金”项目，反映企业除现金等价物以外的对其他企业的长期股权投资等分回的现金股利和利息等。

(3)“处置固定资产、无形资产和其他长期资产收回的现金净额”项目，反映企业出售、报废固定资产、无形资产和其他长期资产所取得的现金(包括因资产毁损而收到的保险赔偿收入)，减去为处置这些资产而支付的有关费用后的净额。

(4)“处置子公司及其他营业单位收到的现金净额”项目，反映企业处置子公司及其他营业单位所取得的现金，减去相关处置费用以及子公司及其他营业单位持有的现金和现金等价物后的净额。

(5)“购建固定资产、无形资产和其他长期资产支付的现金”项目，反映企业购买、建造固定资产、取得无形资产和其他长期资产所支付的现金(含增值税款等)，以及用现金支付的应由在建工程和无形资产负担的职工薪酬。

(6)“投资支付的现金”项目，反映企业取得除现金等价物以外的对其他企业的长期股权投资等所支付的现金以及支付的佣金、手续费等附加费用，但取得子公司及其他营业单位支付的现金净额除外。

(7)“取得子公司及其他营业单位支付的现金净额”项目，反映企业购买子公司及其他营业单位购买价中以现金支付的部分，减去子公司及其他营业单位持有的现金和现金等价物后的净额。

(8)“收到其他与投资活动有关的现金”、“支付其他与投资活动有关的现金”项目，反映企业除上述(1)至(7)项目外收到或支付的其他与投资活动有关的现金，金额较大的应当单独列示。

3. 筹资活动产生的现金流量

(1)“吸收投资收到的现金”项目，反映企业以发行股票、债券等方式筹集资金实际收到的款项(发行收入减去支付的佣金等发行费用后的净额)。

(2)“取得借款收到的现金”项目，反映企业举借各种短期、长期借款而收到的现金。

(3)“偿还债务支付的现金”项目，反映企业为偿还债务本金而支付的现金。

(4)“分配股利、利润和偿付利息支付的现金”项目，反映企业实际支付的现金股利、支付给其他投资单位的利润或用现金支付的借款利息、债券利息。

(5)“收到其他与筹资活动有关的现金”、“支付其他与筹资活动有关的现金”项目，反映企业除上述(1)至(4)项目外收到或支付的其他与筹资活动有关的现金，金额较大的应当单独列示。

4. “汇率变动对现金及现金等价物的影响”

“汇率变动对现金及现金等价物的影响”项目，反映下列项目之间的差额：

(1)企业外币现金流量折算为记账本位币时，采用现金流量发生日的即期汇率或按照系统合理的方法确定的、与现金流量发生日即期汇率近似的汇率折算的金额(编制合并现金流量表时折算境外子公司的现金流量，应当比照处理)。

(2)企业外币现金及现金等价物净增加额按资产负债表日即期汇率折算的金额。

四、填列现金流量表

现金流量表的填列如表6－6所示。

表6－6　现金流量表

项目	金额
一、经营活动产生的现金流量	
销售商品、提供劳务收到的现金	404 000.00
收到的税费返还	0.00
收到的其他与经营活动有关的现金	871 500.00
现金流入小计	1 275 500.00

（续表）

项目	金额
购买商品、接受劳务支付的现金	39 400.00
支付给职工以及为职工支付的现金	12 530.00
支付的各项税费	0.00
支付的其他与经营活动有关的现金	829 775.00
现金流出小计	881 705.00
经营活动产生的现金流量净额	393 795.00
二、投资活动产生的现金流量	
收回投资所收到的现金	0.00
取得投资收益所收到的现金	0.00
处置固定资产、无形资产和其他长期资产所收回的现金净额	1 000.00
处置子公司及其他营业单位收到的现金净额	0.00
收到的其他与投资活动有关的现金	0.00
现金流入小计	1 000.00
购建固定资产、无形资产和其他长期资产所支付的现金	412 000.00
投资所支付的现金	0.00
取得子公司及其他营业单位支付的现金净额	0.00
支付的其他与投资活动有关的现金	0.00
现金流出小计	412 000.00
投资活动产生的现金流量净额	-411 000.00
三、筹资活动产生的现金流量	
吸收投资所收到的现金	0.00
取得借款收到的现金	200 000.00
收到的其他与筹资活动有关的现金	0.00
现金流入小计	200 000.00
偿还债务所支付的现金	20 000.00
分配股利、利润或偿付利息所支付的现金	300.00
支付的其他与筹资活动有关的现金	0.00
现金流出小计	20 300.00

（续表）

项目	金额
筹资活动产生的现金流量净额	179 700.00
四、汇率变动对现金的影响	0.00
五、现金及现金等价物净增加额	162 495.00
加：期初现金及现金等价物余额	936 862.00
六、期末现金及现金等价物余额	1 099 357.00
补充资料：	
现金流量附表项目	
1. 将净利润调节为经营活动现金流量	
净利润	238 425.90
资产减值准备	900.00
固定资产折旧、油气资产折耗、生产性生物资产折旧	42 189.63
无形资产摊销	0.00
长期待摊费用摊销	0.00
处理固定资产、无形资产和其他长期资产的损失	0.00
固定资产报废损失	1 000.00
公允价值变动损失	0.00
财务费用	300.00
投资损失	0.00
递延所得税资产减少	0.00
递延所得税负债增加	0.00
存货的减少	0.00
经营性应收项目的减少	0.00
经营性应付项目的增加	35 000.00
其他	76 979.47
经营活动产生的现金流量净额	394 795.00
2. 不涉及现金收支的投资和筹资活动	
债务转为资本	0.00
一年内到期的可转换公司债券	0.00
融资租入固定资产	0.00
3. 现金及现金等价物净增加情况	
现金的期末余额	1 099 357.00

（续表）

项目	金额
减：现金的期初余额	936 862.00
加：现金等价物的期末余额	0.00
减：现金等价物的期初余额	0.00
现金及现金等价物的净增加额	162 495.00